Anselm Grün

Die sieben Tröstungen

Was Leib und Seele neue Kraft gibt

Herausgegeben von Rudolf Walter

FREIBURG · BASEL · WIEN

HERDER spektrum Band 6671

Titel der Originalausgabe:
Lob der sieben Tröstungen. Was Leib und Seele gut tut
ISBN 978-3-451-30570-2
© Verlag Herder Freiburg im Breisgau 2012

Für diese Ausgabe:
© Verlag Herder GmbH, Freiburg im Breisgau 2014
Alle Rechte vorbehalten
www.herder.de

Umschlaggestaltung: Verlag Herder
Umschlagmotiv: © f9photos – Fotolia.com

Satz: Barbara Herrmann, Freiburg

Herstellung: CPI – Clausen & Bosse, Leck

Printed in Germany

ISBN 978-3-451-06671-9

Inhalt

Einleitung 7

1. *Das eigentliche Leiden des Menschen: Traurigkeit und Schmerz* 21

2. *Heilmittel gegen Traurigkeit und Zorn bei Evagrius* 31

3. *Das Lob der sieben Tröstungen bei Thomas von Aquin* 35
   - ~ Lust macht das Leben lebendig 36
   - ~ Tränen verwandeln die Trauer 45
   - ~ Das Mitleid der Freunde erleichtert unsere Last 58
   - ~ Die Schau der Wahrheit macht uns frei ... 65
   - ~ Schlafen erfrischt Körper und Geist 70
   - ~ Bäder reinigen und beleben 78
   - ~ Das Gebet vereint unsere Herzen mit Gott 85

4. *Meine zehn persönlichen Tröstungen* 93

~ Wandern – gleichmäßig gehen, ganz im
   Leib 94
~ In der Natur – im Einklang mit mir selber 100
~ Musik – ein Weg zum Grund unserer
   Seele 105
~ Spielen – Ausagieren einer tieferen Sehn-
   sucht 114
~ Lesen – Eintauchen in andere Welten 119
~ Erinnerung – kostbarer Schatz unseres
   Herzens 126
~ Heimat – ein Trost, der die Seele berührt 131
~ Stille – im Raum des reinen Seins 137
~ Gespräch – Ich fühle mich verstanden und
   wir verstehen uns 143
~ Wein – mystische Freude an köstlicher
   Zeit 149

Schluss 155

Literatur 159

Einleitung

Was tut gut, wenn es mir einmal gerade nicht so gut geht? Was hilft, wenn ich mich ärgere, wenn negative Gefühle in mir aufsteigen? Wenn ich Enttäuschung erfahre oder gar Verletzung? Was ist dann für mich gut? Wo finde ich in solchen Situationen ein Heilmittel für meine manchmal verwirrte Seele? Wie können wir mit den Schmerzen unserer Seele und unseres Leibes leben? Aus welchen Quellen neue Kraft schöpfen?

Auf solche Fragen will dieses Buch konkrete Antworten geben.

Dabei geht es mir um mehr als um die banale Tatsache, dass uns allen zwischendurch einfach einmal „eine Laus über die Leber" läuft oder wir uns manchmal nicht so recht wohl fühlen in den Konflikten und Problemen des Alltags. Unsere Suche nach Trost, nach Tröstung geht tiefer. Es geht bei dieser Suche letztlich darum, wie unser Leben gelingt, auch wenn wir von negativen Emotionen bedrängt werden. Das eigentliche Leiden des Menschen drückt sich in Schmerz und Traurigkeit, in Zorn und Bitterkeit aus. Es sind Situationen, in denen der Boden unter uns schwankt und in denen unsere innere Festigkeit bedroht ist. Gerade

Lob der sieben Tröstungen

dann brauchen wir ein Fundament, auf dem wir stehen und Halt finden können, um unser Leben zu bewältigen. Dann suchen wir nach Möglichkeiten, die uns stärken und aufrichten. Echter Trost bietet Hilfe in dieser Dimension. Wir sind als Menschen grundsätzlich immer wieder auf solchen Trost angewiesen.

Auch heute, ja heute in ganz besonderer Weise.

In diesem Buch habe ich mich für meine Antwort auf die Frage, was uns auch heute wirklich tröstet und Halt gibt, auch von alten Texten inspirieren lassen. Da ist zunächst einmal ein kurzer Text, den der hl. Thomas von Aquin im 13. Jahrhundert geschrieben hat. In seiner „Summe der Theologie", dem Hauptwerk seines Denkens, beginnt er die 38. Quaestio mit folgender Frage: „Werden Schmerz und Trauer durch jede Lust gemildert? Werden sie durch Weinen gemildert? Oder durch das Mitleid der Freunde? Ob durch die Schau der Wahrheit? Ob durch Schlaf und Bäder?" An einer anderen Stelle spricht er vom Gebet, das Schmerz und Trauer heilt und mildert. Diese Vollzüge, so unterschiedlich sie sind, nennen wir „die sieben Tröstungen". Was ihnen gemeinsam ist: Sie führen mitten hinein in eine Antwort auf die zentrale Frage, wie unser Leben gelingen kann.

Und neben den Hinweisen des Thomas sind Aussagen des Mönchspsychologen Evagrius aus dem 4. Jahrhundert. Die Sprache dieser spirituellen Altmeister mag uns heute zunächst etwas fremd sein.

Lob der sieben Tröstungen

Aber wenn ich mich auf sie einlasse, entdecke ich etwas, was uns oft fehlt: eine optimistische Spiritualität, ein positives Schöpfungsverständnis und vor allem ein positives Verständnis unseres Leibes. Ihre Überzeugung: Gott hat den Menschen gut gemacht. Und er hat ihm genügend gute Fähigkeiten geschenkt, damit er sein Leben meistert. Die Rede ist da nicht nur von spirituellen Fähigkeiten, sondern auch von psychologischen Kräften und rein weltlichen Möglichkeiten, die dem Menschen zur Verfügung stehen.

Traurigkeit ist für die Altmeister der Spiritualität die Unfähigkeit, im Augenblick zu leben, die Unfähigkeit, einfach, im Einklang mit sich zu leben. Das ist so weit von uns nicht weg, denn es ist ja auch ein Grundübel unserer Internetgesellschaft mit ihren virtuellen Möglichkeiten, dass das Leben als natürliches Leben im Einklang mit Leib und Seele immer schwerer wird. Höchst modern ist, dass sowohl Thomas wie Evagrius Tröstungen im Leib verorten. Was sie als heilkräftig beschreiben, geht vom Leib aus und berührt den Leib. Der Leib wirkt auf die Seele und die Seele auf den Leib. Indem wir beide Orte miteinander verbinden, entdecken wir Möglichkeiten, die Leib und Seele gut tun. Gerade in einer Zeit, in der die virtuelle Welt des Internet immer mehr unser Leben zu bestimmen droht, tut uns eine solche Verortung im Leib gut.

Einleitung

Auf die Frage, wie wir mit unseren traurigen Gefühlen umgehen, wie wir auf unsere Verletzungen reagieren und mit den Schmerzen unseres Leibes und unserer Seele leben können, antwortet heute die Psychologie. Thomas und Evagrius haben mit den Begriffen und Erfahrungen ihrer Zeit auf diese Fragen geantwortet. Aber wenn wir die Antworten des hl. Thomas und des Mönchsvaters Evagrius mit einer psychologischen Brille betrachten, entdecken wir zugleich viele Gemeinsamkeiten. Die Fragen sind geblieben, und die grundsätzliche Situation des Menschen ist nach wie vor gleich, auch wenn sich die Lebensumstände geändert haben.

„Trist" und „Trost" – die beiden Worte sind nur durch einen Buchstaben – und doch durch Welten getrennt. Trist kommt von „tristis = traurig". Die „Tristesse", die Traurigkeit, wird von vielen Dichtern als Grundzug des modernen Menschen geschildert. Die Romane Heinrich Bölls etwa schildern die Trostlosigkeit vieler Menschen in der Nachkriegsgesellschaft: Die Hoffnung auf neue Gerechtigkeit hat sich nicht erfüllt. Es geht alles so weiter wie bisher. Die bisher die Macht hatten, haben auch jetzt noch das Sagen. In Politik und Gesellschaft ist das so, aber auch die Welt der Arbeit ist von diesem hoffnungslos grauen Schleier der Monotonie sinnlosen Treibens bestimmt. Hermann Kasack, ein Zeitgenosse Bölls, hat, ebenfalls nach dem Krieg, in seiner Erzählung „Die Stadt hinter dem Strom" dieses Lebensgefühl eindrucksvoll zum Ausdruck gebracht. In der Stadt gibt es zwei Fabriken: die eine stellt Kunststeine her, damit sie wieder zermahlen werden. Und die andere fertigt aus diesem Staub wiederum Kunststeine. Es ist ein sinnloser Kreislauf. Das Tempo von Aufbau und Zerstörung wird immer mehr erhöht, so dass die Menschen nicht über die Sinnlosigkeit nachdenken sollen. Ein lebloses Mumiengesicht, der Präsident dieser Stadt, sagt dem Archivar Robert, der dieses sinnlose Tun anzweifelt: „In unserer Region, mein Herr, ist man über Romantik und Pathos hinaus." Ohne Emotion, ohne Leidenschaft gibt es nicht nur keinen Schmerz, sondern auch kein Glück. Nur trostlose Leere. Alle Ablenkungsmechanismen können nicht darüber hinwegtäuschen.

Hat sich seitdem an unserer Situation viel geändert? Man muss nur mit offenen Augen durch die Welt gehen, um zu sehen: Viele Menschen gehen in eine Arbeit, die sie entfremdet, die zwar ein ökonomisches System am Laufen hält, in der sie selbst aber für sich keinen Sinn mehr erfahren. In der Freizeit hetzt man von einem Event zum nächsten, stürzt sich von einer Party in die andere, sucht das immer neue Vergnügen, lässt sich von allen möglichen Medien zerstreuen, um sich die Zeit zu vertreiben, – und erfährt doch wieder nur Leere und Ödnis. Viele leben freudlos in den All-

Einleitung   11

tag hinein, weil sie keine Perspektive für sich und ihr Leben sehen. Sie trotten einfach so dahin. Viele leben zudem in einer tristen Umgebung, geprägt von monotoner Architektur, die die innere Leere ihrer Bewohner widerspiegelt oder sie verstärkt. In einer Umgebung, wo keine Freude, keine Fantasie ist, ist es auch schwer, einen tragenden Sinn im Leben zu sehen – und das ist keine Frage materieller Armut. Trostlosigkeit ist der richtige Begriff, um diese Situation zu charakterisieren. Beschrieben wird damit ein fundamentaler und grundsätzlicher Zustand der Leere. Da hat einer jeglichen Sinn verloren. Er ist ihm abgeschnitten worden. Er fühlt sich selbst abgeschnitten vom Leben. Einen solchen Zustand kann man auf die Dauer nicht aushalten.

Der moderne Philosoph Hans Blumenberg fragt: „Weshalb sind wir so trostbedürftig?" Und gibt auch gleich die Antwort: „Weil wir keinen Grund haben, da zu sein." Wer keinen Grund hat, da zu sein, wer kein festes Fundament hat, auf dem er steht, der bedarf des Trostes. Das Wort „Trost" kommt ja von Treue, von Festigkeit. Wenn einem Menschen mitten in der Grundlosigkeit seiner Existenz neuer Grund gegeben wird, kann er Leben und Freude neu erfahren.

Trostlos zu sein ist im Übrigen etwas anderes als ungetröstet zu sein. Der ungetröstete Mensch ist einer, der in Trauer gefallen ist und dem niemand beisteht. Er

12   *Lob der sieben Tröstungen*

sehnt sich nach einem Menschen, der es mit ihm aus-
hält. Wer einen findet, der ohne viel Worte auch in der
schwierigsten Situation bei ihm bleibt, der ist nicht
mehr ganz ungetröstet.

Wer von Trost spricht, wird natürlich auch den
Schmerz nicht leugnen, der zum menschlichen Leben
dazugehört. Mancher Schmerz muss ausgehalten werden. Er darf auch nicht zu schnell getröstet werden.
Rainer Maria Rilke protestiert in der 10. Duineser Ele-
gie gegen den billigen „Trostmarkt“. Ein Engel, so sagt
er, würde spurlos diesen Trostmarkt zertreten. Denn
die Schmerzen gehören zu uns. Sie sind „unser winter-
währiges Laub, unser dunkeles Sinngrün, *eine* der Zeiten des heimlichen Jahres –, nicht nur Zeit –, sind Stelle, Siedelung, Lager, Boden, Wohnort.“

Trost ist nicht leicht zu haben und darf nicht vorschnell
gegeben werden. Für Rilke steht auch die Kirche unter
dem Verdacht, billiger Trostmarkt zu sein. Sie macht
selbst einen trostlosen Eindruck – „reinlich und zu
und enttäuscht wie ein Postamt am Sonntag“. Die
Worte des Dichters erinnern uns an den immer wieder
gehörten Vorwurf: Kirche würde den Menschen nicht
helfen, ihre Situation nicht wirklich ändern, sondern
nur auf ein gutes und schönes Jenseits vertrösten. Sie
würde nur beschwichtigen. Mit Vertröstungen will
sich aber niemand zufrieden geben. Sie geben keinen

Einleitung

Grund, auf dem man fest stehen kann. Mancher Vorwurf geht noch weiter, und der Trost selbst gerät unter Verdacht. Manche Psychologen im Gefolge von Sigmund Freud meinen, der Mensch müsse sein trostloses Leben aushalten. Aller Trost würde nur eine Scheinwirklichkeit erzeugen.

Für mich ist das ein pessimistisches Menschenbild und Weltbild. Es klingt nach Resignation. Ich persönlich traue dem Trost. Ich traue dem Grund des Glaubens, auf dem ich stehe. Ich traue der Weisheit der Seele, die sich nach Trost sehnt. Aber die Frage bleibt: Was tröstet uns – wenn die Sehnsucht nach Trost eine Wahrheit über den Menschen aussagt? Dietrich Bonhoeffer, dem man nicht vorwerfen kann, dass er vertröstet, hat im Gefängnis am letzten Silvestertag seines Lebens die wunderbaren Worte gedichtet: „Von guten Mächten treu und still umgeben, behütet und getröstet wunderbar." Bonhoeffer hat sich dem Unrecht des Dritten Reiches gestellt und den Tod dafür in Kauf genommen. Als er im Gefängnis darüber nachdenkt, was christliche Botschaft in dieser unchristlichen Welt bedeutet, erfährt er sich getröstet: von guten Mächten. Es ist für ihn die Macht Gottes, die in Jesus Christus sich in ihrer Ohnmacht in dieser Welt gezeigt hat. Trost spendet für Bonhoeffer also: sich mitten in der Realität dieser Welt, die man mit offenen Augen und ohne sie zu beschwichtigen, anschaut, von Gott getra-

14   *Lob der sieben Tröstungen*

gen fühlen. Bonhoeffer spricht von Gott in einer weltlichen Sprache. „Von guten Mächten treu und still umgeben", das ist ein Bild für Gottes Geist, der wie eine gute Macht erfahrbar wird mitten in einer Zeit, die von bösen Mächten bestimmt wird. Man könnte an die Engel Gottes denken, von denen die Theologie sagt, dass sie von Gott geschaffene geistige Mächte und Kräfte sind. Oder es ist einfach die Spur Gottes mitten in unserer Welt, mitten in unserem Leben.

Viele Menschen vor ihm haben das erfahren und beschrieben. In seinem Roman „Die Brüder Karamasow" beschreibt Dostojewski, wie eine Frau, die um ihr totes Kind trauert, zum Starez geht – um getröstet zu werden. Der tut das freilich nicht mit frommen Worten. Er verweist sie nicht auf das Leben nach dem Tod, auf die Auferstehung, die uns erwartet. Er tröstet diese Mutter, indem er sie dem Leiden der Liebe überlässt. Er ermutigt sie, gerade wegen des Todes ihres Kindes, weiter zu lieben. Und dann zeigt er die wahre Trostlosigkeit auf, die uns bedroht. Er nennt sie die Hölle: „Die Hölle ist der Schmerz darüber, dass man nicht mehr lieben kann." Der Starez verweist nicht auf das Jenseits, sondern auf die Liebe, die hier auf Erden die Trostlosigkeit in Trost zu verwandeln vermag. Was uns tröstet, ist eine Liebe, die schon hier und jetzt Hoffnung vermittelt. Von ihr geht die Hoffnung aus, dass mein trostloses Dunkel jetzt aufgehellt wird, dass

Einleitung   15

ich mitten in der Sinnlosigkeit Sinn erfahre, mitten in der Trostlosigkeit getröstet werde, dass ich mitten in der Trauer, die mir den Boden unter den Füßen wegzieht, wieder festen Grund spüre. Trost ist für Dostojewski mehr, als salbungsvolle Gefühle zum Ausdruck zu bringen. Es ist die Liebe, die den Mut hat, in die Dunkelheit, in den Schmerz, in die Trauer hinein zu gehen und sie von innen heraus zu verwandeln. Der Starez geht selbst mit seiner Liebe in den Schmerz der Mutter hinein. Er wagt es, sie herauszufordern, ihr einen Weg zuzumuten, den sie selbst gehen muss: den Weg der Liebe, der durch den Schmerz hindurchgeht.

Das ist keine Vertröstung. Und auch Thomas von Aquin zeigt Jahrhunderte vor Dostojewski einen solchen Weg der Tröstung in Trauer und Schmerz, der ebenfalls mitten durch das Leben hindurch geht. Die sieben Tröstungen zeigen die Menschlichkeit seines Denkens. Thomas von Aquin kennt die Psychologie und zeigt dem Menschen Heilmittel für seine Traurigkeit, seine Depression und seine Schmerzen und Verletzungen auf. Er glaubt, dass Gott selbst uns diese Tröstungen schenkt. So ist Gott zu loben für all die Wohltaten, die er uns schenkt, damit unser Leben gelingt. Entscheidend ist: Die Tröstungen beziehen den Leib mit ein in das gelingende Leben. Gerade in einer immer virtueller werdenden Welt, in der Beziehungen virtuell gelebt und Einsichten aus dem Internet bezogen werden, tut uns die Verortung im Leib gut. Mitten im konkreten Leben zeigt uns Gott, wie das Leben gelingt.

Thomas verbindet seine Theologie mit den Einsichten der Philosophie. Die Philosophie des Aristoteles, auf den er sich bezieht, wollte den Menschen so beschreiben, wie ihn der objektive Blick eines psychologischen Beobachters sieht. Die Theologie braucht eine menschliche Grundlage. Thomas wird nicht müde wird zu behaupten: Die Gnade setzt die Natur voraus. Als ich Theologie studiert habe, habe ich die Werke des Thomas links liegen gelassen. Bis 1960 galt Thomas als der maßgebliche Theologe der katholischen Kirche. Doch in der Neuscholastik wurde seine Lehre zu einem sterilen System verfestigt. Heute lese ich Thomas mit neuen Augen. Und da entdecke ich viel Menschlichkeit. Thomas beobachtet den Menschen genau. Und er beschreibt die menschlichen Leidenschaften und die Heilmittel, die Gott dem Menschen mit auf den Weg gegeben hat, damit sein Leben gelingt. Dabei benutzt er die Methode der Scholastik: für alle Einsichten auch intellektuelle Begründungen zu geben. Thomas wollte das Geheimnis des Menschen verstehen – in einer „Erkenntnis aus Gründen". Das heißt: Ich verstehe den Menschen und sein Verhalten, seine Leidenschaften und die Heilmittel dagegen erst, wenn ich alles, was ich sehe, auch begründen kann. Auch wenn uns diese

Einleitung

Methode manchmal zu schematisch scheint – sie zwingt uns, nachzudenken, wie menschliches Leben gelingt.

Manches, was Thomas beschreibt, werde ich im Folgenden auch vergleichen mit dem, was ein anderer gebildeter Mönch 850 Jahre vor Thomas geschrieben hat: Evagrius Ponticus, der sich weniger auf Aristoteles, als auf den anderen großen griechischen Philosophen, auf Platon beruft. Evagrius, Vermittler monastischer Spiritualität im Orient und Okzident, der als Mönch in der ägyptischen Wüste lebte, gilt als der Psychologe unter den Mönchen. Auch er beobachtet genau die Regungen des Leibes und der Seele und beschreibt Wege der Heilung, für Leib und Seele gleichermaßen. Auch für ihn sind Traurigkeit, Unzufriedenheit und das Leiden des Menschen an sich selbst der Ausgangspunkt, an dem er ansetzt, um – von der Bibel und der geistlichen Tradition her – Wege der Heilung aufzuzeigen.

Immer wieder ist über die sieben Tröstungen nachgedacht worden. Vor über 30 Jahren hat etwa Rudolf Walter unter dem gleichen Titel eine Sendereihe beim Sender Freies Berlin gemacht. Damals haben bekannte Autoren wie Dorothee Sölle, Walter Dirks, Elie Wiesel oder Bernhard Welte aus ihrer jeweiligen Perspektive über die sieben Tröstungen nachgedacht und sie den Menschen nahe gebracht. Ich möchte in diesem Buch zuerst die Gedanken der Tradition – Thomas von Aquin und Evagrius – bedenken und sie dann in die eigene Erfahrung und in die Welt der Menschen von heute hinein übersetzen. Und ich möchte im Anschluss an Thomas dann noch eigene Erfahrungen hinzufügen: Tröstungen, die mir in meinem eigenen Leben und in der geistlichen Begleitung wichtig geworden sind. Ich wünsche den Lesern und Leserinnen, dass sie sich sowohl in den alten Texten als auch in meinen persönlichen Beschreibungen wieder finden, dass sie lernen, aus dem Reichtum der Tradition zu schöpfen und zugleich einen Weg für ihren eigenen Umgang mit traurigen, bitteren und schmerzlichen Gefühlen finden.

Einleitung

1. *Das eigentliche Leiden des Menschen: Traurigkeit und Schmerz*

*W*as ist das eigentliche Leiden des Menschen? Thomas von Aquin spricht in seinem lateinischen Text von „tristitia" und „dolor": Das ist es, was der Tröstung bedarf. Wenn wir beide Worte von der Sprache her deuten, dann meint „tristis" nicht nur: traurig, betrübt, sondern auch unglücklich, finster, unfreundlich, mürrisch, übel gelaunt. Diese Traurigkeit kann auch mit Zorn verbunden sein, aber auch mit schlechter Laune. Jedenfalls drückt sie eine Grundhaltung von Unzufriedenheit aus. Der traurige Mensch ist für Thomas immer auch der unglückliche Mensch, der mit einer dunklen Brille auf alles sieht, was ihm begegnet. Er rebelliert gegen die Wirklichkeit so wie sie ist. Er tut dies aber nicht aktiv, sondern eher passiv, indem er sich in die Traurigkeit zurückzieht. Aber diese Traurigkeit ist voller Bitterkeit. Der Zorn, der mit der Traurigkeit verbunden ist, verändert nichts, sondern richtet sich gegen sich selbst und gegen alles, was ist. Es ist ein Groll, der die Stimmung des Menschen verdunkelt und vergiftet.

Evagrius Ponticus unterscheidet in seinen Schriften zwischen „penthos" und „lype". „Lype" entspricht der tristitia des Thomas, während „penthos" das beschreibt, was die heutige Psychologie Trauerarbeit nennt: Ich soll meine eigene Durchschnittlichkeit, mein Zurückbleiben hinter meinen Idealen, meine zerbrochenen Lebensträume und verpassten Chancen betrauern. Solches Betrauern führt mich in die Wahrheit. Die Traurigkeit – lype oder tristitia – führt mich dagegen ins Selbstmitleid: Ich kreise immer um mich selbst, schwimme gleichsam im Bad meines Selbstmitleids, aber komme keinen Schritt weiter, bleibe unzufrieden und unglücklich.

Thomas und Evagrius haben eine andere Perspektive. Nach ihrer Überzeugung kommt nicht nur Gott uns in unseren Leiden zu Hilfe. Auch in unserer eigenen Seele sind Heilmittel zu finden, Tröstungen, die uns mitten in der Haltlosigkeit Halt schenken und mitten in der Verzweiflung Hoffnung. Diese Tröstungen sind nicht nur rein geistlicher Natur, sie sind vielmehr im Leib selbst angelegt. Wenn wir gut mit unserem Leib umgehen, dann tut das auch unserer Seele gut.

Evagrius ist ein guter Psychologe. Er beschreibt in seinem Buch „Praktikos" die Traurigkeit so: „Traurigkeit kann bisweilen entstehen, wenn der Mensch seine Wünsche nicht erfüllt bekommt. Manchmal tritt sie auch in Begleitung des Zornes auf. Entsteht sie als Folge nicht erfüllter Bedürfnisse und Wünsche, dann meistens auf folgende Weise: Ein solcher Mensch denkt zunächst an zu Hause, an seine Eltern oder an das Leben, das er früher geführt hat. Wenn er diesen

22 *Das eigentliche Leiden des Menschen*

Gedanken keinen Widerstand entgegensetzt, ja ihnen sogar bereitwillig folgt, oder sich sogar, wenn auch nur in der Vorstellung, Vergnügungen hingibt, dann nehmen sie ihn ganz in Besitz. Schließlich aber verblassen diese Vorstellungen, an denen er sich ergötzte, und er versinkt in Traurigkeit. Seine gegenwärtigen Lebensumstände verhindern es ja, dass sie wieder Wirklichkeit werden. Und so wird jener unglückliche Mensch in dem Maße bekümmert, wie er sich solchen Gedanken ausgeliefert hat." (Prakt. 10)

In dieser Beschreibung sind zwei Dinge wichtig:

Zum einen ist da die infantile Haltung: Weil meine Wünsche nicht erfüllt werden, ziehe ich mich wie ein kleines Kind in den Schmollwinkel zurück. Ich reagiere passiv mit Traurigkeit. Ich weigere mich, mich mit der Realität meines Lebens auszusöhnen. Ich trauere den unerfüllten – oft genug infantilen – Wünschen nach. Weil meine Vorstellungen vom Leben nicht in Erfüllung gegangen sind, verharre ich im Selbstmitleid. Weil die Illusionen, die ich mir vom Leben gemacht habe, zerplatzt sind, verweigere ich das Leben.

Der zweite Aspekt: Ich fliehe vor der gegenwärtigen Wirklichkeit meines Lebens in Fantasien, in denen ich mir die schönen Erlebnisse meiner Kindheit ausmale. Es ist ja durchaus gut, dankbar all der guten Erfahrungen meiner Lebensgeschichte zu gedenken. Doch wenn ich vor der Gegenwart in die Vergangenheit fliehe und mir die Vergangenheit durch meine Fantasie immer

Traurigkeit und Schmerz

wieder vergegenwärtige, dann reagiere ich irgendwann mit Traurigkeit. Denn ich spüre, dass die Fantasie nicht die vergangenen Erlebnisse wiederholen oder gegenwärtig setzen kann. Die Fantasien verblassen. Und ich bleibe in meiner Leere zurück. Ich weigere mich, mich mit der Gegenwart auszusöhnen, Ja zu sagen zu mir, so wie ich bin, und zu meinem Leben so, wie es geworden ist. Ich versuche, der Realität immer wieder auszuweichen. Doch das macht mich immer trauriger. Denn ich lebe dann weder in der Vergangenheit, die mir entschwindet, noch in der Gegenwart. Ich lebe gleichsam im luftleeren Raum. Ich habe keinen Boden unter den Füßen. Es kann nichts wachsen. Der einzige Raum, der mir zum Leben bleibt, ist das Jammern. Aber das ist kein guter Ort, um zu leben.

Evagrius hat eine wichtige Einsicht der Psychologie vorweggenommen. Der Grund, warum es Menschen schlecht geht, ist häufig: Ihre Vorstellungen vom Leben haben sich nicht erfüllt. Sie weigern sich, sich mit ihrer Wirklichkeit auszusöhnen. Sie bleiben lieber in ihren Vorstellungen und Illusionen hängen. Doch die Kluft zwischen Illusion und Wirklichkeit erfüllt sie mit Traurigkeit und Schmerz.

Das zweite Wort, das Thomas für das Leiden des Menschen verwendet, ist „dolor". Es bedeutet sowohl den Schmerz des Leibes als auch der Seele. Es kann auch Wehmut und das Leiden der Liebe meinen und die Kränkung, die mir ein anderer zufügt. Heute wür-

24   *Das eigentliche Leiden des Menschen*

den wir mit „dolor" all die Verletzungen verbinden, die wir im Laufe unseres Lebens erfahren haben, die Kränkungen durch Missachtung, durch Entwertung, durch Ablehnung und durch Übersehenwerden.

Die Tröstungen, die uns Thomas anbietet, könnten wir daher auch als eine Therapie für unsere Verletzungen betrachten. Dabei verzichtet Thomas – und auch vor ihm schon Evagrius – darauf, die Verletzungen näher anzuschauen. Er bietet vielmehr die Tröstungen an, die den Verletzungen ihre Kraft nehmen. Man könnte in der Sprache heutiger Psychologie sagen: Thomas arbeitet ressourcenorientiert. Er widmet sich mehr den Quellen, aus denen wir schöpfen können, als den Ursachen für unsere Kränkungen.

„Dolor" bedeutet oft auch Groll und unterdrückten Zorn. Ähnlich wie bei der Traurigkeit hat der Schmerz also auch eine Verbindung zum Zorn. Oft reagieren wir ja auf die Kränkungen und Verletzungen unserer Lebensgeschichte mit beiden Emotionen: mit Schmerz und dem Gefühl des Gekränktseins, aber auch mit Zorn, Wut, Groll und Bitterkeit. Daher möchte ich die Beschreibung des Zorns bei Evagrius Ponticus zitieren, für den der Zorn das eigentliche Problem nicht gelingenden Lebens ist.

„Der Zorn ist die heftigste der Leidenschaften. Er ist ein Aufwallen des erregbaren Teiles der Seele, das sich gegen jemanden richtet, der einen verletzt hat, oder von dem man sich verletzt glaubt. Er reizt ohne

Traurigkeit und Schmerz

aufzuhören die Seele dieses Menschen und drängt sich vor allem während der Gebetszeit ins Bewusstsein. Dabei lässt er das Bild der Person vor seinen Augen aufsteigen, die ihm Unrecht getan hat. Manchmal hält er längere Zeit an und wandelt sich dabei zum Groll, der schlimme Erfahrungen während der Nacht verursacht. Meistens wird der Körper dadurch geschwächt. Es kommt zu mangelnder Nahrungsaufnahme. Jener Mensch wirkt dann blass und immer stärker plagen ihn im Traum Bilder, wie er von wilden, giftigen Tieren angegriffen wird. Immer wieder stellt er fest, dass vor allem diese vier zuletzt genannten Wirkungen seines Grolls viele seiner Gedanken begleiten." (Prakt. 11)

Nach Evagrius hängt der Zorn also mit den Verletzungen zusammen, die wir von anderen Menschen erfahren. Aber – so sagt Thomas – oft bilden wir uns nur ein, der andere habe uns verletzt. In Wirklichkeit fühlen wir uns nur verletzt, ohne dass der andere uns verletzen wollte. Auch hier spielen die Vorstellungen oft eine Rolle. Wir haben die Vorstellung, der andere müsste doch merken, was wir brauchen. Doch er merkt es nicht. Und schon fühlen wir uns verletzt, übersehen, nicht beachtet. Der Zorn könnte durchaus eine gesunde Reaktion der Seele gegen die Verletzung sein. Denn die Aggression – die positive Weise des Zorns – ist eine gute Kraft, die uns dazu antreibt, uns von dem zu distanzieren, der uns verletzt hat, ihm die Macht zu nehmen, die er durch die Verletzung über uns hat. Zorn und

Groll – wie ihn Evagrius versteht – sind dagegen Leidenschaften, die die Seele des Menschen auffressen. Im Groll gebe ich dem anderen weiterhin Macht über mich. Er beherrscht mein Denken und Fühlen. Ich distanziere mich nicht von dem, der mich verletzt hat, sondern kreise in meinen zornigen Gefühlen ständig um ihn, ich lasse mir von ihm meine Stimmung aufdrängen. Ja, der Groll führt selbst in der Nacht noch zu Albträumen. Er gräbt sich tief in mein Unbewusstes ein und hindert mich am Leben. Er hindert mich daran, bei mir selbst zu sein, in meine eigene Mitte zu gelangen. Ich bin immer nur mit den Menschen beschäftigt, die mich verletzt haben. Sie bestimmen meine Stimmung und erfüllen mein Herz mit Bitterkeit.

Traurigkeit, Zorn und Kränkung gehören für mich zusammen. Die Kränkung macht mich entweder traurig oder zornig. Wenn ich verletzt werde, reagiere ich entweder passiv mit dem Gefühl der Traurigkeit oder aber aktiv, indem ich über den anderen schimpfe und auf ihn zornig bin. Beide Gefühle binden mich aber an den, der mich verletzt hat. Ich gebe ihm in meinen Gefühlen weiterhin Macht. Heute würden wir das typische Leiden des Menschen als Depression bezeichnen. In der Depression ist all das verbunden, was Thomas und Evagrius meinen, wenn sie Traurigkeit, Zorn und Schmerzen beschreiben. In der Depression richtet sich meine Aggression oft gegen mich selbst. Und die Depressionen sind oft Hilfeschrei der Seele gegen falsche Bilder, die ich

Traurigkeit und Schmerz

mir von mir selbst gemacht habe. Sie haben also mit den nicht erfüllten Vorstellungen von mir und meinem Leben zu tun. Und sie sind oft verweigerte Trauer. Anstatt meine Durchschnittlichkeit zu betrauern, flüchte ich in die Traurigkeit und bleibe darin hängen.

Der Mensch von heute leidet an depressiven Verstimmungen, an traurigen Gefühlen. Heute sind wir in Gefahr, solche Gefühle sofort als Krankheit zu behandeln. Wenn ich meine traurigen Gefühle sofort als krankhafte Depression interpretiere, dann verurteile ich mich selbst, dass ich krank bin. Oder aber ich versinke im Selbstmitleid und fühle mich als Opfer der Krankheit. Natürlich kann Depression auch Ausdruck von Krankheit sein. Aber davor gibt es viele traurige Stimmungen, Melancholie, leidvolle seelische Schmerzen, die den Menschen immer wieder heimsuchen, ihn lähmen und beschweren. Entscheidend ist, dass wir diese Gefühle wahrnehmen und nach den Möglichkeiten suchen, die uns helfen können, die Gefühle zu verwandeln. Die Tradition nennt diese Möglichkeit: Tröstungen. Statt die Depression als Krankheit einzuordnen, wäre es hilfreicher, sich den Haltungen zu stellen, die in die Depression führen, und mit Thomas und Evagrius die Haltungen zu entdecken, die mir in meinem Leben Halt geben, die Trost spenden, die also jene Festigkeit bieten, jenen Grund, auf dem ich stehen kann, jenen Halt, an den ich mich halten kann.

28   *Das eigentliche Leiden des Menschen*

Evagrius beschreibt Wege, wie wir von diesen drei Gefühlen frei werden und entwickelt eine eigene Psychologie, um die negativen Gefühle zu verwandeln. Für ihn sind die Gefühle Leidenschaften, die den Menschen davon abhalten auf seinem geistlichen Weg zu Gott. Daher müssen wir uns mit diesen „passiones = Leidenschaften der Seele", wie er sie nennt, beschäftigen, um sie zu verwandeln. Das Ziel des geistlichen Weges nach Evagrius ist die „apatheia". Gemeint ist damit die Gesundheit der Seele, also ein Zustand, in dem die Leidenschaften uns nicht mehr am Leben hindern, sondern unser Leben bereichern.

Thomas von Aquin spricht von Tröstungen, die diese negativen Gefühle mildern oder verwandeln. Und er spricht von „remedia = Heilungsmittel, Arzneimittel, Mittel, die gegen etwas wirken und gegen Einflüsse von außen helfen". Die sieben Tröstungen sind Heilmittel gegen das eigentliche Leiden des Menschen, das sich in Schmerz und Traurigkeit, in Zorn und Bitterkeit ausdrückt.

2. Heilmittel gegen Traurigkeit und Zorn bei Evagrius

Für den Mönchspsychologen Evagrius ist das erprobte Heilmittel gegen die Traurigkeit die innere Freiheit den Dingen dieser Welt gegenüber, oder die Haltung des Nicht-Anhaftens, die auch die Buddhisten empfehlen. Denn „die Traurigkeit entsteht der Dinge wegen, denen unsere besondere Zuneigung gilt". (Prakt. 19) Wichtig ist, dass der Mensch sich frei macht von der Anhänglichkeit an die Dinge dieser Welt. Abhängigkeit drückt unsere Stimmung, Freiheit erhebt sie. Der Mensch muss seinen Grund in sich selbst und in Gott suchen und nicht in äußeren Dingen, die sich ihm immer wieder entziehen.

Viel ausführlicher beschreibt Evagrius die Heilmittel gegen den Zorn und Groll. Damit zeigt er, dass er im Groll und in der Bitterkeit die eigentliche Gefährdung des Menschen sieht.

Der erste Rat, den er gibt, beruht auf einem Wort des hl. Paulus: „Lass die Sonne nicht über deinem Zorn untergehen, sonst kommen während deiner Nachtruhe die Dämonen und ängstigen dich und machen dich so noch feiger für den Kampf des folgenden Tages" (Prakt 21) Wir dürfen den Zorn nicht mit in die

Nacht nehmen. Sonst wirkt er sich negativ in unserem Unbewussten aus. Wir sollen also den Zorn vor dem Schlafenlegen gleichsam ablegen.

Der zweite Rat: Wir sollen gerade das Gegenteil tun zu dem, was uns die Dämonen einreden. Wenn uns die Dämonen einreden wollen, wir sollten vor den anderen in die Einsamkeit fliehen, um dem Zorn zu entgehen, sollen wir gerade das Gegenteil tun: uns dem Konflikt stellen und den Zorn im Gespräch aufarbeiten und loslassen.

Der dritte Rat: „Gib dich auch nicht auf die Art dem Zorne hin, dass du dich in Gedanken mit dem streitest, der dich verärgert hat." (Prakt. 23) Wir sollen uns also nie in der Fantasie zornigen Gedanken und Vorstellungen hingeben, sondern unseren Geist von solchen Gefühlen frei halten. Man kann sich in der Fantasie so in den Zorn hineinsteigern, dass er die Seele innerlich vergiftet.

Und der vierte Rat: „Sei sehr behutsam, damit du keinen deiner Brüder im Zorne davonjagst. Geschieht das nämlich, dann wirst du dem Dämon der Traurigkeit ein Leben lang nicht entkommen können. Und beim Beten wird dir das zum ständigen Hindernis werden." (Prakt. 25) Hier ist wieder die Beziehung zwischen Zorn und Traurigkeit sichtbar. Wer einen Bruder im Zorn verletzt, der wird von Traurigkeit heimgesucht. Hier verbindet sich die Traurigkeit mit Schuldgefühlen. Wer den Bruder zornig davonjagt, wird von Ge-

32   *Lob der sieben Tröstungen*

wissensbissen geplagt. Er hat Schuldgefühle, sobald er an den Bruder denkt. Und die Schuldgefühle lassen ihn nicht zur Ruhe kommen. So flüchtet er sich in die Traurigkeit, um den Schuldgefühlen zu entkommen. Aber in der Traurigkeit wirken sie dennoch weiter in seiner Seele.

Heilmittel gegen Traurigkeit und Zorn

3. Das Lob der sieben Tröstungen bei Thomas von Aquin

Wer mit beiden Beinen auf dem Boden steht, der kann mit negativen Stimmungen besser umgehen. Der lässt sich nicht so leicht umwerfen, wenn Traurigkeit oder Schmerzen ihn heimsuchen. Trost hat mit Standfestigkeit zu tun. Und Tröstung gibt uns also festen Boden unter den Füßen. Thomas von Aquin zeigt uns Wege, wie wir ein festes Fundament finden können, das uns Halt gibt mitten in den Stürmen unseres Lebens. Es sind sieben Tröstungen, von denen Thomas spricht. Sieben ist eine symbolische Zahl. Sie gilt seit jeher schon als die Zahl der Verwandlung. Es gibt sieben Sakramente, in denen Jesus Christus an uns handelt und uns seinen Geist vermittelt, damit wir die wesentlichen Schritte unserer Menschwerdung mit ihm vollziehen. Und es gibt die sieben Gaben des Heiligen Geistes, die uns in Berührung bringen mit den Fähigkeiten, die Gott uns geschenkt hat, die aber oft brach liegen. Und die Mönche des Mittelalters haben ihre Medikamente und Tees immer mit sieben Heilkräutern zubereitet. So möge auch von den sieben Tröstungen etwas Heilsames ausgehen. Sie mögen unsere Traurigkeit, unseren Groll und unsere Verletzungen heilen.

Das Lob der sieben Tröstungen

Lust macht das Leben lebendig

„Werden Schmerz und Trauer durch jede Lust gemildert?", so hatte Thomas von Aquin gefragt. Er beantwortet die Frage positiv. Bevor wir dies näher betrachten sollten wir kurz unser Verständnis von Lust und das, was die Tradition damit verband, klären.

Wir gebrauchen im Deutschen das Wort Lust ja auf verschiedene Weise: „Ich habe Lust auf einen guten Rotwein." Lust bedeutet hier: Verlangen haben nach etwas in der Hoffnung, dass das, wonach ich verlange, mir eine angenehme Empfindung, Freude und Vergnügen bereitet. Wir sagen aber oft auch: „Ich habe keine Lust zu arbeiten." Keine Lust zu haben meint: Ich habe keine Motivation. Es wehrt sich etwas in mir. Oder wir sagen von Menschen, dass sie unbeherrscht sind, sich einfach nur von Lust und Laune bestimmen lassen. Sie haben kein Gespür für das, was von ihnen gefordert wird, für ihre Pflicht. Das deutsche Wort „Lust" kommt vom germanischen Wort „lutan = sich niederbeugen, sich neigen". Lust drückt also die Neigung aus für etwas. Doch es gibt auch ein anderes Wort, das damit verwandt ist: das litauische Wort „liudnas = traurig". Das scheint ein Gegensatz zu sein. Doch offensichtlich gehören beide Erfahrungen eng zusammen: Eine große Lust führt manchmal auch zur Traurigkeit. Das gilt vor allem für die erfüllte Lust, die dann im Menschen Traurigkeit hinterlässt. Im Mittelalter galt der Grundsatz des hl. Thomas von Aquin: „Omne animal post coitum triste = Jedes Lebewesen ist nach dem Geschlechtsakt traurig". Der Akt höchster Lust endet oft in Traurigkeit. Wer zur Lust Ja sagt, muss daher auch zur Traurigkeit Ja sagen. Sonst kann er keine wirkliche Lust empfinden. Heute beobachten wir Menschen, die zu großer Lust gar nicht mehr fähig sind, weil sie sich nicht heraus reißen lassen aus ihrem emotionsarmen Alltagstrott.

Ich kenne viele Menschen, die lustlos an die Arbeit gehen, oder Schüler, die lustlos morgens die Schule besuchen. Manche zelebrieren ihre Lustlosigkeit. Nichts macht ihnen Spaß. Alles ist so leer und langweilig. Sie schneiden sich selbst von ihrer Lebendigkeit ab. Sie schneiden sich vom Leben ab. Die Lustlosigkeit kommt von der Vorstellung, dass alles nicht gut genug für sie ist. Doch wir können uns die äußeren Dinge, die wir erleben, nicht immer aussuchen. Aber wie wir die Dinge erleben, das hängt von uns ab. Wenn wir uns gute Bilder von den Dingen machen, die uns heute erwarten, dann werden wir mit Lust in den Tag gehen. Doch wenn wir mit negativen Vorstellungen an das herangehen, was auf uns zukommt, dann werden wir keine Lust empfinden können. Es hängt also durchaus auch von uns ab, ob wir Lust haben oder nicht. Wer Lust hat, dem wird alles lustvoll, der wird das Leben mit Schwung und Freude leben.

Lust wurde in der Tradition christlicher Theologie und Moral lange vorschnell mit sexueller Lust identifi-

Lust macht das Leben lebendig

ziert und sie als Gefährdung des Menschen gesehen, nicht als Erfüllung. Dabei hatte die griechische Philosophie die Lust durchaus als positive Antriebskraft des Handelns bejaht.

Allerdings differenziert der größte griechische Philosoph Platon die verschiedenen Formen von Lust je nach dem, worauf sie sich richten: Wenn sich die Lust auf hohe ethische Werte oder auf ein vernünftiges und sittlich hoch stehendes Ziel richtet, dann ist sie dem Menschen angemessen. Rein irdische Lust dagegen ist für Platon eher suspekt. Für ihn stellt die Lust das innere Gleichgewicht des Menschen wieder her. Sie ist also für seine innere Gesundheit heilsam.

Aristoteles hat ein anderes Verständnis von Lust entwickelt. Er versteht Lust als Bestandteil einer vollkommenen Tätigkeit. Wenn der Mensch vollkommen in einer Tätigkeit aufgeht, erfährt er immer auch Lust. Lust begleitet also unser Tun. Wenn wir unsere natürlichen Fähigkeiten vollkommen ausüben, dann erleben wir Lust.

Bei den Kirchenvätern sieht man Lust als eine Qualität des gefallenen Menschen, also des Menschen, der von der Sünde bestimmt ist. Lust wird sofort mit Verlangen nach irdischer Lust zusammen gesehen. Sie wird mit Begierde gleichgesetzt. Man spricht von Fleischeslust und zählt sie unter die sieben Todsünden. Dagegen setzen die Kirchenväter die Freude des erlösten Menschen. Aber da diese Freude als rein geistig ver-

38 *Lob der sieben Tröstungen*

standen wurde, ist der ganze Bereich der Lebenslust oft verloren gegangen. Augustinus sieht in der Lust eine verkehrte Weltliebe.

Thomas von Aquin sieht die Lust positiver. Er beruft sich auf die Sichtweise des Aristoteles, für den Lust Ausdruck von kreativem Tun ist. Wer ganz in seinem Tun aufgeht, der empfindet Lust. Für Thomas ist nicht nur die geistige Lust, sondern auch die sinnliche Lust ein sittlicher Wert. Allerdings richtet sich auch in seiner Sicht der Wert wieder nach dem Ziel, auf das die Lust ausgerichtet ist. In der Antwort auf die Frage, ob Trauer und Schmerz durch die Lust gemildert werden, argumentiert Thomas so, dass die Lust „eine gewisse Ruhe des Strebevermögens" ist, während die Traurigkeit dem Streben des Menschen entgegen ist. So wie die Ruhe dem ermüdeten Leib gut tut, so die Lust dem traurigen Menschen. Lust ist für Thomas der Trauer entgegen gesetzt und mildert sie daher. Traurigkeit wird nach Thomas oft durch die Erinnerung an vergangene Freuden mit verstorbenen Freunden hervorgerufen. Die Lust ist dagegen ein gegenwärtiges Gut: „Weil die Erfahrung des Gegenwärtigen aber stärker bewegt als die Erinnerung an das Vergangene und die Selbstliebe länger durchhält als die Liebe zum anderen, so kommt es, dass dennoch letztlich die Lust die Trauer vertreibt." (38,1) Es ist eine interessante Argumentation, die Thomas hier führt. Die Lust ist immer etwas, das ich jetzt im Augenblick spüre. Die Trau-

Lust macht das Leben lebendig

rigkeit hat oft mit dem Hängen in der Vergangenheit zu tun. Daher lädt uns Thomas ein, uns ganz auf den Augenblick einzulassen. Er rät, das, was wir gerade erleben, mit aller Lust zu erleben. Im Lateinischen ist hier von „delectatio" die Rede. Es ist das, was Freude bereitet, was mich ergötzt. Es kommt von „de und lacio" und meint eigentlich: an sich locken. Lust hat damit zu tun, dass ich etwas an mich locke und dass mich etwas verlockt, anzieht, dass mich etwas erfreut und ich voller Neugierde und Lust mich darauf einlasse.

Wenn wir die Aussagen des hl. Thomas in unsere heutige psychologische Sprache übersetzen, so könnten wir sagen: Lust unterbricht die Routine. Routine ist immer Ausdruck dafür, dass wir uns nur von der Vergangenheit leiten lassen und auch keine Perspektive für die Zukunft haben. Lust hat immer mit Gegenwart zu tun. Sie unterbricht den Lauf und hält den Augenblick fest. Lust ist eine ansteckende Kraft, die nicht nur uns selber anzieht und ansteckt, sondern auch andere Menschen. Damit aber ist sie eine Kraft, die etwas bewegen kann. Letztlich führt uns die Lust aus der Isolation des Ego heraus. Denn in der Lust kreisen wir nicht um uns, sondern lassen uns von etwas außerhalb von uns anlocken und herauslocken.

Die Psychoanalyse Sigmund Freuds hat sich ausführlich mit der menschlichen Lust beschäftigt. Für Freud ist das Streben nach Lust und das Vermeiden von Unlust der zentrale menschliche Antrieb. Allerdings zeigt sich auch bei Freud, dass die Lust nicht lange währt. Das Realitätsprinzip löst das Lustprinzip ab. Wer erwachsen werden will, muss sich der Realität anpassen. Und die verspricht oft keine Lust mehr. Für die heutige Psychologie ist Lust eine wichtige Empfindungsqualität des Menschen. Wenn der Mensch bei der Arbeit Lust empfindet, geht sie ihm besser von der Hand. Wenn er Lust beim Wandern hat, dann hebt sich auch sein Herz. Wenn er mit Lust in eine Besprechung geht, wird sie eher gelingen. Und wenn einer Lust im sexuellen Einswerden spürt, dann fördert das sein Erleben von Liebe. Lust dient der Gesundheit. Und die Psychologie sagt, dass der Mensch durch Lusthemmung krank wird. Wer sich Lust verbietet, dem stößt das Leben sauer auf. Und er macht sich selbst damit krank.

Der hl. Benedikt stellt im Vorwort an die, die sich für das klösterliche Leben interessieren, die Frage: „Wer hat Lust am Leben?" Ins Kloster soll also nicht der eintreten, der dem Leben ausweichen möchte, sondern der Lust auf volles Leben hat, der sich danach sehnt, gute Tage zu sehen. (Vgl. Prolog 15) Doch die Lust auf Leben wird nicht erfüllt, indem der Mönch alles machen kann, was er möchte. Vielmehr zeigt Benedikt mit einem Psalmvers auf, wie der Weg zum erfüllten Leben geht: „Willst du wahres und unvergängliches Leben, bewahre deine Zunge vor Bösem und deine Lippen vor falscher Rede! Meide das Böse und

Lust macht das Leben lebendig   41

tu das Gute; suche den Frieden und jage ihm nach!"
(Prolog 17, Psalm 34,14f) Lust am Leben wird nur
der empfinden, der das Böse meidet und das Gute tut.
Lust hat also nichts mit Regellosigkeit zu tun, sondern
mit einem erfüllten Leben, mit einem Leben, das in
Übereinstimmung gelebt wird mit dem Willen Gottes.
Benedikt ist überzeugt, dass der Weg zum wahren Leben am Anfang eng und hart ist. Doch wer sich auf diesen Weg begibt, „dem wird das Herz weit, und er läuft
in unsagbarem Glück der Liebe den Weg der Gebote
Gottes". (Prolog 49) Im Lateinischen ist hier von der
Süßigkeit der Liebe die Rede. Die Liebe ist also zu
kosten. Man kann Lust daran empfinden. Sie hat einen
süßen Geschmack. Doch zu dieser Liebe gelangt man
nur, wenn das Herz weit wird und man alle Enge hinter
sich gelassen hat.

Wir bräuchten heute nicht nur ein neues Gespür,
Lust am Augenblick zu empfinden, sondern auch eine
Spiritualität, die Lust macht und nicht mit einem mo-
ralisierenden Zeigefinger alle Lust austreibt. Solche
Spiritualität, die Benedikt meint, bezieht sich nicht
nur auf die Lust an Gott. Die Lust an Gott drückt
sich vielmehr aus in der Freude an den Dingen des Alltags: etwa in der Lust zu arbeiten, in der Lust, etwas zu
gestalten, in der Lust am Singen, aber auch in der Lust
beim Essen und in der Sexualität. Es gibt spirituelle
Menschen, die Angst haben vor der Lust. Lust ver-
wechseln sie mit Abhängigkeit, mit Unbeherrschtheit,

42   *Lob der sieben Tröstungen*

mit Bestimmtwerden von außen. Doch Lust hat mit Freude zu tun. Die Freude ist nach Verena Kast eine gehobene Emotion. Sie vertreibt die Enge der Seele und tut dem Menschen gut. Wer sich alle Lust verbietet, der wird nicht nur lustlos in seiner Arbeit, in seinem alltäglichen Leben, sondern letztlich auch in seiner Spiritualität. Ihr fehlt die Lust am Leben. Menschen, die der Lust aus dem Weg gehen, haben oft Angst davor, von der Lust überwältigt zu werden und ihre Selbstbeherrschung zu verlieren. Sie wollen alles kontrollieren. Doch diese Selbstkontrolle führt zu einem reduzierten Leben. Sich berühren, sich verlocken, sich anlocken, sich zur Lust verführen lassen, das gehört zum Menschen. Ich kann die Lust nicht festhalten, auch wenn Friedrich Nietzsche sagt: „Alle Lust will – Ewigkeit ... will tiefe, tiefe Ewigkeit!" Wir möchten die Lust immer erleben. Denn in ihr steckt die Verheißung von Leben und Glück.

Lustlosigkeit ist auch nach Evagrius eine Fehlhaltung. Sie bestimmt das Laster der Akedia: Lustlosigkeit als Unfähigkeit, an irgend etwas Geschmack zu finden. Man hat weder Lust zur Arbeit, noch zum Gebet, ja nicht einmal zum Nichtstun. Es ist einfach nur Leere, Trägheit, Jammern, Zerrissenheit. Das Leben schmeckt nicht mehr. Es wird zum Ekel, zum Überdruss. Man kann sich an nichts freuen. Das, was ich gerade tue, ist immer mühevoll. Man meint, die Erfüllung sei immer woanders. Doch wer eine solche

Lust macht das Leben lebendig

Einstellung hat, wird unfähig, sich auf den Augenblick einzulassen. Und Lust ist nach Thomas von Aquin immer etwas Gegenwärtiges. Wenn ich mich auf diesen Augenblick ganz einlasse, dann empfinde ich Lust. Die Lust macht das Leben wertvoll, lustvoll, lebendig. Sie vertreibt die Traurigkeit und den Schmerz.

Das ist alles nicht abstrakt: Wenn der hl. Thomas so positiv von Lust schreibt, dann meint er sicher auch die Lust am Essen, die Lust an der Sexualität, die Lust an einem guten Glas Wein. Alles, was uns erfreut, ist eine Tröstung für unsere Traurigkeit und unsere Schmerzen. Thomas sieht die Lust an Gott und die Lust an irdischen Dingen zusammen: Die Gnade setzt ja die Natur voraus. Der rechte Umgang mit der Natur, mit den natürlichen Trieben, mit der natürlichen Lust bereitet uns für die Gnade. Auch die Lust am guten Essen und Trinken und die Lust an der Sexualität ist Ausdruck der Lust an Gott.

Tränen verwandeln die Trauer

Weinen scheint zunächst keine Tröstung zu sein, sondern eher Ausdruck von Traurigkeit. Wenn jemand weint, fragen wir uns unwillkürlich, warum er so traurig ist. Es gibt ein Weinen, das nicht mehr aufhört, das uns immer tiefer in die Traurigkeit hinein treibt. Doch es gibt auch ein Weinen, das die Trauer verwandelt. Wer nicht mehr weinen kann, der leidet darunter. Er erlebt sich als empfindungslos. Und gerade das macht viele Menschen unglücklich. Das Weinen kann die Traurigkeit lösen. Wer sein Gefühl im Weinen ausdrückt, der verwandelt es auch. Wenn die Traurigkeit keinen Ausdruck findet, wird sie immer stärker und besetzt uns. Und die Tränen verbinden uns zudem mit anderen Menschen. Ich gebe mich in den Tränen mit meiner momentanen Stimmung, mit meinem Schmerz, mit meinem Empfinden zu erkennen. Und so gebe ich anderen die Möglichkeit, sich auf mich einzulassen, meine Tränen auszuhalten und so für mich zum Trost zu werden.

So ähnlich argumentiert auch Thomas: „Tränen und Seufzer mildern natürlicherweise die Trauer. Und das aus zweifachem Grunde. Zunächst deshalb, weil alles Schädliche, das im Innern eingeschlossen ist, mehr betrübt, da sich die Spannung der Seele ihm gegenüber vervielfacht. Ergießt es sich aber nach außen, dann verteilt sich die seelische Spannung gewissermaßen nach außen und somit vermindert sich der innere Schmerz." (38,2) Es ist interessant, wie psychologisch hier Thomas argumentiert. Weinen löst die innere Spannung und mildert daher den Schmerz. Einen zweiten Grund führt Thomas an: Die Tätigkeit, die der augenblicklichen Verfassung des Menschen entspricht, ist für ihn auch lustvoll, weil das Weinen der Verfassung des Traurigen entspricht. Und dann argumentiert er wieder wie bei der ersten Tröstung: Lust vertreibt die Traurigkeit.

In der frühen Kirche hat man das Lob der Tränen gesungen. Und man hat um die Gabe der Tränen gebetet. Tränen waren nicht nur Ausdruck der Trauer, um die Traurigkeit zu verwandeln. Man spricht ja auch bis heute von Freudentränen. Alle tiefen Gefühle drücken sich in Tränen aus, sowohl Freude als auch Trauer. Wir weinen auch vor Freude. Die Tränen verstärken dann die Freude. Die Tränen führen den Menschen in seine Wahrheit. Sie bringen ihn in Berührung mit sich selbst.

Das hat auch in unserer Zeit Dorothee Sölle neu ins Wort gebracht. Sie hat ein Gedicht über die Tränen geschrieben (vgl. Sölle, Fliegen lernen, Fietkau Verlag 1979, S. 35):

„gib mir die gabe der tränen gott
gib mir die gabe der sprache
führ mich aus dem lügenhaus
wasch meine erziehung ab
befreie mich von meiner mutter tochter

nimm meinen schutzwall ein
schleif meine intelligente burg
gib mir die gabe der tränen gott
gib mir die gabe der sprache."

Die Tränen, so Dorothee Sölle, waschen alle Bilder ab, die mir andere in meiner Erziehung übergestülpt haben, sie führen mich aus dem Lügenhaus heraus, in dem ich mich eingerichtet habe. Sie befreien mich von den Rollen, die ich bisher gespielt habe. Sie lösen die Panzer auf, die ich um mein Herz gelegt habe, um niemanden an mich heran zu lassen. Sie öffnen mich so für die Menschen und für Gott. Und die Tränen regen mich zu einer neuen Sprache an, zu einer ehrlichen Sprache, zu einer Sprache, die dem Schmerz nicht ausweicht, sondern ihn ausdrückt.

Für Dorothee Sölle war der spirituelle Zugang zu diesem Thema eine Entdeckung. Die Auseinandersetzung der Mönche mit diesem Thema dagegen hat eine lange Tradition. Sie unterscheiden die verschiedenen Arten der Tränen und beschreiben ihre Wirkung sehr differenziert . Die erste Wirkung: Die Tränen machen die Seele weich. Eine harte Seele weist auf das Laster der Akedia hin, in der der Mensch die Beziehung zu seiner Seele verloren hat. Für Evagrius ist es ein Zeichen der Akedia (Trägheit), eine harte Seele zu haben, die keine Tränen vergießen will. Und er empfiehlt, zu Beginn jedes Gebetes um die Gabe der Tränen zu bit-

Tränen verwandeln die Trauer

ten, „damit du durch die Trauer das, was hart ist in deiner Seele, aufweichst".

Die Mönche kennen auch Tränen, die auf einen infantilen Charakter verweisen: Man vergießt sie, wenn man nicht erhält, was man will. Es gibt Tränen des Gekränktseins, der Angst, Tränen des Zorns, der Wut, der Ohnmacht. Und es gibt Tränen, mit denen man sich selbst bemitleidet. All diese Tränen können nicht heilen. Im Gegenteil: Sie halten uns in der Fehlhaltung fest, sie bestärken in uns die Wut, das Gekränktsein, das Selbstmitleid. Die Mönche sprechen dann von unechten Tränen. Evagrius unterscheidet z. B. zwischen der Trauer, die in Tränen ausbricht, und einer Traurigkeit, die nur weinerlich ist. Bei den unechten Tränen geht es vor allem um Selbstmitleid. Man kreist um sich selbst, bedauert sich selbst. Anstatt sich loszulassen, hält man an sich selbst fest und genießt sein eigenes Weinen. Weil die eigenen Illusionen vom Leben nicht erfüllt werden, weint man wie ein trotziges Kind.

Die echten Tränen, die nach dem Zeugnis der frühen Mönche zu Gott führen, haben eine andere Qualität. In ihnen lässt sich der Mensch los. Er lässt die Vorstellungen los, die er sich von sich und von Gott gemacht hat, und erahnt auf diese Weise, wer er und wer Gott in Wirklichkeit ist. Cassian setzt den unechten Tränen „wegen der Ängste dieses Lebens und der Not und Mühsal", die uns bedrücken, die echten Tränen entgegen: ein Weinen, das entsteht, „wenn der Stachel der Sünde unser Herz trifft".

Für Isaak von Ninive (5. Jhd.) sind die Tränen ein Zeichen dafür, dass man der Wahrheit der Dinge nahe gekommen ist: „Zur selben Zeit, wo die Gnade angefangen hat, deine Augen zu öffnen, so dass du die wahre Gestalt der Dinge merkst, beginnen deine Augen Tränen zu vergießen, bis dass sie durch ihre Menge deine Wangen abwaschen, und der Andrang der Sinne wird zur Ruhe gebracht, indem sie friedlich in dir eingeschlossen werden."

Es ist eine interessante Wirkung, die Isaak dem Weinen zuschreibt. Das Weinen öffnet uns die Augen, damit wir die Wahrheit erkennen. Wir meinen, mit einem tränenerfüllten Auge könnten wir nicht richtig sehen. Doch Isaak geht davon aus, dass das Weinen das Trübe aus den Augen reinigt, so dass wir klarer die Wirklichkeit sehen können. Dostojewski hat diese Erfahrung aufgegriffen, wenn er von der Begegnung Gottes im Tod schreibt: „Wir werden weinen ... und alles verstehen". Im Weinen blicken wir durch. Da geht uns das Geheimnis aller Dinge auf. Und wir begegnen der eigenen Wahrheit.

Im Weinen stößt der Mensch auf sich selbst. Weinend wird ihm auf einmal alles klar: seine Erbärmlichkeit, seine unlauteren Motive und Absichten, seine Bosheit, seine Fluchtversuche, sein tief sitzender Egoismus. Das mühsam errichtete Gebäude seiner Tugend-

Tränen verwandeln die Trauer

haftigkeit bricht im Weinen jäh zusammen. Er kommt sich selber hinter all seine Schliche, mit denen er sich ständig etwas vormacht. Dem Weinenden fehlen die Worte, um sich und seinen Zustand zu erklären, Worte, hinter denen er sich wiederum verstecken könnte. Im Weinen begegnet sich der Mensch schonungslos, ohne Distanz zu sich selbst, er erlebt sich nicht mehr durch ein Medium mehr, das er selbst noch in der Hand hat. Selbst die Gedanken entschwinden ihm, an denen er sich noch festhalten könnte. Weinen ist Begegnung ohne Vermittlung, da lässt der Mensch die Herrschaft über sich aus der Hand, er lässt sich los und überlässt sich dem Weinen, das ihn packt. Das Weinen wird für ihn zur einzig möglichen Antwort auf eine Erfahrung, auf die er selbst nicht mehr zu antworten weiß. Der Körper übernimmt für ihn die Antwort, indem er in Tränen ausbricht. Der Verstand, der Geist bleibt sprachlos. Und so erst geschieht Neues: Ephrem der Syrer († 373) sieht die Tränen als die Bedingung, dass der neue Mensch entstehen kann: „Durch die Tränen und durch Gottes Güte wird die Seele, die tot war, auferweckt."

All diese Gedanken der Mönchsväter machen uns verständlich, warum Thomas von Aquin das Weinen als Tröstung für Traurigkeit und Schmerzen sieht. Im Weinen – so meinen die Mönche – kommt der Mensch mit seinem eigentlichen Wesen in Berührung. Da steht er auf als der neue Mensch, der nicht mehr an seiner

Traurigkeit oder seinen Schmerzen hängt, der sie gleichsam im Weinen abgeschüttelt und sich davon rein gewaschen hat.

Die Mönche singen immer wieder Lobeshymnen über die Tränen, die zugleich Tränen der Trauer wie der Freude sind. Sie sprechen von der „charopoion penthos", von der freudebringenden Trauer. So sagt Climacus († 600): „Die Tränen benehmen die Furcht, und wo keine Furcht mehr ist, da leuchtet das ungetrübte Licht der Freude, aus dieser unvergänglichen Freude aber entsteht die Blüte der heiligen Gottesliebe." Und Petrus Damiani († 1072) schreibt einen nicht endenwollenden begeisterten Lobeshymnus „De laude lacrymarum". „O geistliche Wonne der Tränen, süßer als Honig und Honigseim und aller Nektar!" Die Tränen waschen von den Sünden rein, tilgen die Spuren, die die Sünden im Herzen zurückgelassen haben, sie reinigen das Herz. Sie sind ein Bad für die Seele, das sie nicht nur reinigt, sondern auch erquickt und mit Wohlgefallen erfüllt. Sie befruchten die Seele und beleben sie neu. Sie bewirken einen tiefen inneren Frieden. Leidenschaften und verwirrende Gedanken schwinden. Die Tränen schützen vor Zerstreuung und sammeln den Geist in reinem Gebet auf Gott hin. Sie zerbrechen den Stolz und vertreiben alle Gedanken, an denen sich der Mensch immer noch stolz festklammern möchte. Sie überlassen das Herz dem liebenden Gott und erfüllen es mit Freude.

Tränen verwandeln die Trauer

Evagrius sieht in den Tränen eine Bedingung für ein gutes Gebet und für die Begegnung mit dem wirklichen Gott. Ohne Tränen begegnet man nicht dem wahren Gott, sondern immer noch den Gebilden der eigenen Fantasie. Für Evagrius sind die Tränen Kriterium für die Verbundenheit mit Gott: „Wenn du glaubst, im Gebet über deine Sünden keine Tränen vergießen zu müssen, so bedenke, dass du dich weit von Gott entfernst. Willst du mit ihm für immer verbunden sein, so vergieße heiße Tränen." Wer Gott an sich heran lässt, sich von ihm überwältigen lässt, der bricht in Tränen aus. Darin sieht Evagrius sogar einen zwingenden Zusammenhang: „An Deum timeas, e lacrymis agnoscito! Ob du Gott fürchtest, erkennst du an den Tränen." Wenn du nicht weinen kannst, sagt uns Evagrius in diesem prägnanten Satz, brauchst du dir nicht einzubilden, dass du etwas von Gott erfahren hast. Die Tränen sind Zeichen der Nähe Gottes, Ausdruck von Gotteserfahrung, leiblicher Ausdruck der erfahrenen Nähe des liebenden Gottes.

Die Tränen sind also die Reaktion des Menschen auf das Nahekommen Gottes, eine Reaktion, die Gott selbst hervorruft, um sich von uns erfahren zu lassen. Der Philosoph Helmut Plessner, einer der wenigen, die sich in neuerer Zeit mit dem Phänomen des Weinens befasst haben, erklärt das Weinen „als Ergriffenheit im Ganzen, der sich der Mensch ohne Vorbehalt ausliefert, so dass er nicht mehr in Distanz zu antworten vermag." Entscheidend für das Weinen ist der

Mangel an Distanz zu dem, was einen ergreift und übermannt. Ergriffensein „ist Begegnung mit der Sache selbst ohne Zwischenglieder. Unser auf Verhältnisse und Verhältnismäßiges angelegtes Verhalten gerät hier an ein absolutes Ende."

Im Weinen begegne ich also Gott und spüre ihn am eigenen Leib. Diese Gotteserfahrung befreit mich vom Kreisen um meine traurigen Gefühle. Wenn Gott mich berührt, verliert die Traurigkeit an Macht. Denn die Traurigkeit hängt ja davon ab, dass ich an irdischen Dingen hänge und nicht davon loslassen kann. Das Weinen bringt mich in Berührung mit Gott und mit mir selbst. Und je mehr ich bei mir selbst bin, desto weniger Macht hat die Traurigkeit über mich.

Die Tränen haben für die Mönche noch eine andere Wirkung. Sie vereinen Leib und Seele miteinander. Die Trauer entspringt gerade dem Zwiespalt zwischen Leib und Seele. Nach Maximus Confessor († 662) stellen die Tränen das Gleichgewicht zwischen den oberen und unteren Sinnen, zwischen Intellekt und Gefühl wieder her, sie vereinen den Menschen mit sich selbst. Und Richard von Sankt Viktor († 1173) meint, das Ringen um die Tränen zeige das Verlangen, die Harmonie zwischen dem inneren und äußeren Menschen zu realisieren. Die Tränen lassen die Gefühle nach außen treten. Sie beziehen den Leib mit ein in das Beten. Der Mensch reagiert auf Gottes Liebe nicht mehr bloß mit Gedanken, sondern mit seinem Leib.

Tränen verwandeln die Trauer

Wenn die Tränen eine so positive Wirkung haben, gibt es dann Mittel, sie hervorzurufen, oder bleiben sie reines Geschenk, auf das man nur demütig warten kann? Cassian lehnt es ab, aus sich Tränen hervorpressen zu wollen, es wären unfruchtbare, erzwungene, krankhaft erzeugte Tränen. Nilus rät einem, der nicht weinen kann, er solle das Verlangen danach erwecken und für einen Bruder danken, der weinen kann. Dann erhalte man Anteil an der Gabe des Bruders. Nilus hält es offensichtlich für berechtigt, durch bestimmte Methoden nachzuhelfen, damit man weinen könne. Manche Menschen werden heute durch einen traurigen Film oder durch Selbstmitleid oder durch sentimentale Rührung zum Weinen gebracht. Das ist sicher nicht das Weinen, dessen fruchtbare Wirkung die Mönche preisen. Aber man kann auch dieses Weinen auf sich und seine Durchschnittlichkeit lenken. Dann wird es ein befreiendes Weinen, ein Weinen, in dem man sich selbst loslassen kann, in dem die einmal aufgebrochenen Tränen alle Hartherzigkeit abwaschen und einen Gott näher bringen.

Im Gespräch höre ich oft von Menschen, die nicht weinen können, dass sie Angst haben, im Weinen sich völlig zu verlieren und keinen Grund mehr zu haben, auf dem sie stehen können. Daher versuchen sie, die Tränen zurückzuhalten. Sie haben das Bild, dass sie im Tränenstrom untergehen können. Diese Angst ist sicher berechtigt. Sie brauchen einen Menschen, der sie hält, damit sie sich dem abgrundlosen Weinen überlassen können. Andere kennen die unechten Tränen. Sie möchten sie gerne in echte verwandeln. Aber sie wissen nicht, wie das gehen soll. Auch die Anweisungen der Mönche helfen ihnen da nicht weiter. Ich rate dann so einem Menschen: „Nimm deine Tränen wahr. Spüre dich in sie hinein. Bedauerst du dich in den Tränen selbst, weil dir etwas widerfährt, das deinen Vorstellungen vom Leben widerspricht? Kreist du um dich und um dein kleines Ich? Oder ahnst du in den Tränen, dass du dich mit all deinen Bildern von dir selbst und von deinem Leben loslassen und dich in Gott hinein ergeben solltest? Versuche, deinen Tränen zu folgen und mit dem Tränenstrom den Panzer deines Ichs zerfließen zu lassen. Stelle dir vor, wie die Tränen immer mehr dein Ego aufweichen, damit du zu deinem wahren Grund kommst, zum Selbst, in dem Gott selbst in dir wohnt."

Für die frühen Mönche ist das Weinen ein Weg zur inneren Ruhe und zum Frieden mit sich selbst. Climacus sagt, die Tränen verleihen eine „vollkommene, über alle geräuschvolle Störung erhabene, glückselige Ruhe". Im Weinen kommen all meine unruhigen und mich verwirrenden Gedanken zur Ruhe. Denn weinend bin ich nicht im Kopf, in dem ich nie Ruhe finden würde, sondern im Herzen, das in den Tränen seinen inneren Frieden findet, weil es sich äußern darf. So wird die Erfahrung verständlich, dass man nach dem Weinen oft

Tränen verwandeln die Trauer   55

eine intensive Stille spürt, eine lebendige, von Liebe erfüllte Stille.

Jede therapeutische Behandlung kennt das Stadium des Weinens. Eine Analyse hilft dem Patienten nicht, wenn sie ihm nur die Ursachen für seine Neurose bloßlegt. Das reine Wissen kann der Patient wieder als Abwehr dagegen benutzen, sich dem eigentlichen Problem stellen zu müssen. Eine abstrakte intellektuelle Einsicht, die ich habe, nützt mir nichts. Erst wenn sie über mich hereinbricht, kann sie mich heilen. Ohne emotionale Beteiligung ist keine Änderung des menschlichen Verhaltens möglich. Weinen entlastet den Menschen von den angestauten Gefühlen, die nach außen drängen. Tränen lindern den Schmerz. Man weint sich frei von seinen Schmerzen. Weinen wird zur einzigen Möglichkeit, einen Schmerz, der einen zu überwältigen und zu überfordern scheint, auszuhalten und auf ihn zu antworten. Der Mensch weiß keine andere Antwort mehr, weder in Worten noch in Gebärden, als sich dem Weinen zu überlassen, sich weinend loszulassen und so den Schmerz zuzulassen und ihn zugleich aufzulösen, abzuleiten. Weinen erleichtert, lindert, heilt. Die Tränen werden auf einmal befreiende, erlösende, selige Tränen. Der Schmerz schlägt um in Freude. Der Mensch erfährt in seinem Innersten ein Heilsein, das auch durch den Schmerz nicht mehr bedroht werden kann, eine Freude, an die Enttäuschungen und Misserfolge nicht zu rühren ver-

Lob der sieben Tröstungen

mögen. Es ist das Heil Gottes, das alles menschliche Unheil besiegt.

Was die frühen Mönche über die heilende Wirkung des Weinens geschrieben haben, das hat Thomas von Aquin im Kern aufgegriffen, auch wenn er nicht die vielen Aspekte des Weinens im Mönchtum aufzählt. Doch er weiß sich mit den frühen Mönchen darin einig, dass das Weinen eine Tröstung ist für Traurigkeit und Schmerz. Mir erzählen in der geistlichen Begleitung immer wieder Menschen, dass es ihnen gut getan hat, einmal richtig zu weinen, sich nicht immer kontrollieren zu müssen, sondern sich dem Weinen zu überlassen. Das hat sie innerlich gereinigt, erfrischt und sie mit einer tiefen inneren Freude erfüllt. Sie haben erfahren, was Thomas gemeint hat, wenn er das Weinen als Tröstung und Heilmittel gegen Traurigkeit anführt. Sie stimmen auf ihre Weise ein in das Lob der Tröstung des Weinens. Denn Weinen drückt nicht nur meine traurigen Gefühle aus, damit sie sich wandeln. Die Tränen selbst wandeln sich von Tränen der Trauer in Tränen der Freude. Oft ist dieser Übergang unmerklich. Indem wir uns dem Weinen überlassen, spüren wir, dass wir nicht mehr aus Trauer weinen, sondern aus einem tiefen Ergriffensein. Und dieses Ergriffensein bewirkt in uns trotz allem Leid auch eine tiefe innere Ruhe und Freude.

Tränen verwandeln die Trauer

Das Mitleid der Freunde erleichtert unsere Last

Thomas von Aquin bezieht sich in seiner Argumentation, dass das Mitleid der Freunde die Traurigkeit mildert, auf Aristoteles, den er immer nur „den Philosophen" nennt. Er meint, die Traurigkeit bedrücke und belaste den Menschen. Aber der Freund, der Mitleid mit mir hat, trägt meine Last mit. Das erleichtert meine Bürde. Noch einen anderen Grund nennt Thomas: Im Mitleid meiner Freunde erkenne ich ihre Liebe. Und die Liebe ist immer Grund zur Freude. Wenn ich mich von Freunden geliebt weiß, kann ich leichter meine Schmerzen ertragen. Das zeigt uns auch die moderne Psychologie, wenn sie uns erklärt, dass Menschen, die sich geliebt fühlen, weniger krank werden und weniger an ihren Schmerzen leiden.

Manche Psychologen sind heute freilich skeptisch, wenn sie vom Mitleid hören. Sie argumentieren so: Mitleid schwäche den Menschen statt ihm zu helfen. Es gibt sicher eine Art von Mitleid, die nicht weiter hilft. Vor allem dann, wenn ich selbst im Mitleid versinke, kann ich dem anderen kein Trost sein. Ich kann ihm keinen festen Stand vermitteln, wenn ich selbst im Mitleid untergehe. Thomas spricht von „compassio" und von „condolens". „Compassio" heißt eigentlich: Mitempfinden, Mittragen, mitdulden. Es drückt also den Aspekt aus, dass ich nicht im Leid des anderen versinke, sondern es mit trage. Ich halte aus beim

Leidenden. Ich lasse ihn nicht allein. Ich stehe ihm bei. Ich stütze ihn. Das zweite Wort „condolens" hat eher die Bedeutung von mitleiden, gemeinsam den Schmerz spüren. Doch wenn ich den Schmerz mitfühle, wenn ich ihn mit dem Leidenden teile, dann muss ich dabei nicht schwächer werden. Thomas ist überzeugt, dass solches Mitfühlen Ausdruck der Liebe ist. Und die Liebe teilt nicht nur das Leid, sondern lindert es auch. Es ist die Erfahrung, die der Volksmund in dem Satz ausdrückt: „Geteiltes Leid ist halbes Leid." Entscheidend ist, dass ich mich vom Leid des anderen nicht so herunterziehen lasse, dass ich selbst ganz kraftlos werde.

Wenn Psychologen das Mitleid ablehnen, dann sprechen sie lieber vom Mitgefühl als vom Mitleid. Ich fühle mit dem leidenden Menschen mit. Ich spüre mich in sein Leid hinein. Ich behandle ihn nicht als Klienten, sondern ich bin sein Freund, der mit ihm durch die schwierige Situation hindurchgeht. Von Jesus heißt es, dass er mit den Menschen Mitleid hatte. Im Griechischen steht hier oft das Wort „splanchnizomai = in den Eingeweiden ergriffen werden". Die Eingeweide waren für die Griechen der Ort der verwundbaren Gefühle. Jesus hat sich dem Leid des anderen geöffnet, ohne in seinem Leid zu versinken. Er war in Gott gegründet. Weil er auf diesem festen Grund stand, konnte er den leidenden und kranken Menschen Halt geben.

Das Mitleid der Freunde erleichtert unsere Last

Wenn es mir selbst nicht gut ging, war es für mich immer wichtig, Menschen um mich zu wissen, die mich verstehen und die mich tragen. Meine Erfahrung dabei war: Sie können mir das Leid nicht wegnehmen, aber sie sind bei mir. Sie stehen zu mir. Sie fragen, was sie für mich tun können. Sie geben mir auch den Raum, den ich allein brauche. Aber wenn ich sie wirklich brauche, sind sie da. Sie fühlen sich in meine Situation hinein und stellen sich an meine Seite. Das geht weit über bloße Resonanz hinaus: Manchmal haben mich meine Freunde mit ihrem Mitleid auch erst dazu gebracht, meine Situation wirklich anzuschauen. Meine erste Reaktion war, das Leid, das mich getroffen hat, zu relativieren oder es zu verdrängen. Ich schaue gar nicht richtig hin. Indem der Freund, die Freundin, mir vermittelt hat, wie sehr auch sie meine Situation, meine Enttäuschung, meine Bitterkeit, meine Krankheit betrifft, haben sie mir die Augen geöffnet. Und ich hatte Mut, meine Situation ehrlich anzuschauen, den Schmerz wirklich zuzulassen und ihn nicht mit Aktivitäten zu überspringen. Die erste Hilfe der mitfühlenden Freunde war also eine Verstärkung meines Leids. Doch gerade weil ich mich dem Schmerz offen zuwenden konnte, hat er sich verwandelt. Ich bin im Leid meiner eigenen Wahrheit begegnet. Und ich habe gespürt, was ich in meinem Leben ändern soll. Das Leid ist so zur spirituellen Herausforderung geworden. Es hilft nicht, es zuzudecken, indem ich mich der Arbeit zuwende und mich mit Arbeit zuschütte, sondern indem ich mich dem Schmerz und meiner Traurigkeit stelle und durch sie hindurch in den Grund meiner Seele gelange. Das Mitleid der Freunde hat mich immer in die eigene Wahrheit geführt. Und die eigene Wahrheit hat das Leid zwar zunächst verstärkt, dann aber auch gemildert und verwandelt.

Schon die Bibel – vor allem die Weisheitsbücher, die tiefes jüdisches und griechisches Lebenswissen miteinander verbinden – hat den Trost des Freundes mitten im Leid gepriesen. Wie ein Freund auf meine Not reagiert, das ist ein Testfall für die Qualität seiner Beziehung zu mir. So heißt es im Buch Jesus Sirach: „Mancher ist Freund als Gast am Tisch, am Tag des Unheils ist er nicht zu finden. In deinem Glück ist er eins mit dir, in deinem Unglück trennt er sich von dir. Trifft dich ein Unglück, wendet er sich gegen dich und hält sich vor dir verborgen." (Sir 6,10–12) Erst im Leiden wird die wahre Freundschaft erprobt. Der wirkliche Freund steht dem Leidenden treu zur Seite. Er geht mit ihm durch alle seine Schwierigkeiten und Nöte. Von ihm gilt die Erfahrung, die Jesus Sirach mit den Worten ausdrückt: „Ein treuer Freund ist wie ein festes Zelt; wer einen solchen findet, hat einen Schatz gefunden. Für einen treuen Freund gibt es keinen Preis, nichts wiegt seinen Wert auf." (Sir 6,14f) Der Freund ist wie ein schützendes Zelt, das sich über mir wölbt.

In diesem Zelt kann ich daheim sein. Da bin ich geborgen, geschützt von der stechenden Sonne und der nächtlichen Kälte.

Auf einen guten Freund kann man sich verlassen: „Ein guter Freund kämpft mit dem Feind, er hält den Schild gegen den Widersacher." (Sir 37,5) Ob einer mein Freund ist, das erfahre ich, wenn ich von anderen angegriffen oder fallen gelassen werde. Der Freund lässt mich nicht fallen. Er lässt sich durch Verleumdungen meiner Person nicht davon abhalten, zu mir zu stehen. Er wird sich wie ein schützender Schild vor mich hinstellen. Die Weisheit der Bibel weiß, warum sie die Freundschaft an so hohe Bedingungen knüpft. Matthias Claudius hat diese Weisheit aufgegriffen. Er nennt es Zärtelei, wenn man vor dem Freund seinen Gram für sich behalten möchte, um ihn zu schonen. „Eben darum ist er dein Freund, dass er mit untertrete und es deinen Schultern leichter mache. ... Du musst deinen Freund mit Allem, was an ihm ist, in deinen Arm und in deinen Schutz nehmen."

Die Griechen haben das Lob der Freundschaft gesungen. Aristoteles, der Philosoph, auf den sich Thomas von Aquin vor allem beruft, sagt: „Die Freundschaft aber ist ein Wohlwollen in denen, welche sich von gleich zu gleich einander zuwenden." Heute ist die Sehnsucht nach Freundschaft ungebrochen. Doch im Zeitalter des Internet gehen vor allem junge Menschen andere Wege. Durch einen Computer-Klick glauben sie, sich einer Freundschaft versichern zu können. Nähe und Ferne mischen sich dabei auf seltsame Weise. Der Philosoph Jürgen Mittelstrass sieht diese Wege allerdings skeptisch: „Einerseits wird alles nah und gegenwärtig; jeder ist jederzeit über Chatrooms, Facebook, Youtube, Twitter erreichbar. Andererseits hat diese Nähe eine neue Qualität: Sie wird in gewissem Sinn belanglos. Wer ständig mit vielen in Verbindung steht, verliert den Einzelnen und sich selber aus dem Auge." Das Mitleid der Freunde, das uns tröstet, braucht aber nicht nur Worte, die uns durch das Internet erreichen. Es braucht körperlichen Ausdruck. Der Freund, der mit mir leidet, nimmt mich in den Arm. Er bleibt bei mir und schenkt mir Nähe. Trost ist im Lateinischen ja „consolatio". Das meint: der Tröster geht mit, wenn ich alleine bin, wagt sich in meine Einsamkeit und hält sie aus. Er bleibt mir nahe. Ich kann ihn anschauen, ansprechen und mich an ihn anlehnen, wenn ich es brauche. Das gibt mir mitten in der Trauer Halt und Festigkeit – eben: Tröstung.

Als stärkste Tröstung beschreibt uns das Johannesevangelium das Mitleid, das Jesus uns als Freund entgegenbrachte. „Es gibt keine größere Liebe, als wenn einer sein Leben für seine Freunde hingibt." (Joh 15,13) Das Mitleiden Jesu mit uns kommt in dieser Hingabe zur Vollendung. Er geht in das Leid der Freunde hi-

Das Mitleid der Freunde erleichtert unsere Last

nein, in ihre Angst, in ihre Einsamkeit, in ihre Verzweiflung, in ihre Schmerzen, um sie von innen heraus zu verwandeln. Jesus versteht sich als Freund seiner Jünger. Er ist bereit, für sie das Leid auf sich zu nehmen, anstatt sich selbst in Sicherheit zu bringen. Und darin sieht er selbst den Gipfel der Freundesliebe.

Die Schau der Wahrheit macht uns frei

Thomas stellt die Behauptung auf: „Die größte Lust besteht in der Schau der Wahrheit. Jede Lust aber lindert den Schmerz. Und so mildert die Schau der Wahrheit Trauer und Schmerz, und das um so mehr, je vollkommener einer ein Liebhaber der Weisheit ist." Und er begründet es damit, dass die höheren Seelenkräfte auf die niedrigeren einwirken. „Demnach hat die Lust der Schau im höheren Bereich Einfluss auf die Milderung des Schmerzes auch im Sinnenbereich." Geist und Sinne beeinflussen sich wechselseitig. Die Sinne wirken auf den Geist und der Geist auf die Sinne. Hier sieht man die tiefe Verbindung von Leib und Seele, die die Philosophie des Thomas prägt. Wenn wir im Geist die Wahrheit schauen, wenn wir Gott selber erahnen, dann hat das auch Auswirkungen auf den Körper und die Emotionen. Eine geistige Erkenntnis beeinflusst meine Stimmung und meinen Leib. Die frühen Mönche haben das im Bild des Wiederkäuens ausgedrückt. So wie die Kuh beim Wiederkäuen Lust empfindet, so empfindet auch der Mönch Lust, wenn er das Wort der Schrift wiederkäut. Die Worte wirken sich heilsam und lustvoll auf den Leib aus.

Noch eine andere Wirkung hat die Schau der Wahrheit. Schau der Wahrheit heißt ja, dass ich in den Grund allen Seins hinein sehe. Und dort auf dem Grund allen Seins ist alles klar. Das nennen die frühen

Mönche Kontemplation. Für Evagrius ist die Kontemplation die eigentliche Heilung der Leidenschaften. Äußere Methoden genügen nicht, um die Seele innerlich zu reinigen. Erst die Kontemplation, die Einsicht in das Wesen der Dinge, die Schau der Wahrheit also, wird die Seele wirklich gesund machen. „Gesund" aber heißt für Evagrius, dass weder Traurigkeit noch Schmerz sie bestimmen, sondern eine tiefe innere Ruhe. Kontemplation könnte man auch so beschreiben: Ich schaue auf den Grund. Ich sehe nicht etwas Bestimmtes. Aber dort auf dem Grund meiner Seele ist alles klar. Obwohl im Kopf meine Gedanken nicht klar sind, ist dort in der Tiefe alles klar. Ich denke nicht mehr über alles nach. Ich bin eins mit dem Grund des Seins. Und ich bin einverstanden mit meinem innersten Wesen. Auch wenn ich vieles in mir nicht annehmen kann, dort im Grund meiner Seele bin ich eins mit mir selbst. Da sage ich Ja zu mir selbst, zu meinem Leben, zu allem, was ist.

Ein anderer Grund, warum die Schau der Wahrheit uns zum Trost wird in unserer Traurigkeit, liegt darin, dass die Wahrheit die Illusionen vertreibt. Der Grund unserer Traurigkeit liegt ja nach Evagrius darin, dass wir uns in unserem Geist ständig Vorstellungen von vergangenem Glück machen und dass unsere gegenwärtige Realität nicht mit diesen Vorstellungen übereinstimmt. Die Schau der Wahrheit löst die Illusionen auf, die wir uns vom Leben machen. Das ist heute nicht anders. Wenn ich Menschen frage, warum es ihnen schlecht geht, dann erkenne ich immer wieder: Letztlich geht es ihnen schlecht, sie fühlen sich deprimiert, weil sich die Vorstellungen, die sie sich von sich selbst und vom Leben gemacht haben, nicht erfüllt haben. Sie hängen aber diesen Vorstellungen vom Leben nach. Sie sind gleichsam mit ihnen zusammengewachsen. Sie können sich nicht von ihnen trennen. Die Schau der Wahrheit öffnet uns die Augen, dass wir hinter die Vorstellungen und Illusionen schauen. Der griechische Begriff der Wahrheit – aletheia – geht ja davon aus, dass über aller Wirklichkeit ein Schleier liegt. Wer die Wahrheit erkennt, der zieht diesen Schleier weg und erkennt die Wirklichkeit so, wie sie ist. Und wenn er die Wirklichkeit erkennt und sich mit ihr einverstanden erklärt, dann fühlt er sich frei von Illusionen, dann geht es ihm gut.

Die hohe Meinung für die Schau der Wahrheit haben die frühen Mönche von Platon, dem größten griechischen Philosophen. Für ihn sitzt der Mensch in einer Höhle und sieht auf der Wand nur die Schatten der Ideen, die Abbilder. Der Mensch muss nun den schmerzlichen Weg aus der Höhle der Abbilder zur Erkenntnis der Urbilder gehen. Die Wahrheit ist nach Platon die Unverborgenheit des Seins. Wenn das Sein, wenn Gott selbst, aufleuchtet, dann kommt der Mensch an das Ziel seiner Suche und Sehnsucht. Die Urbilder zu sehen macht den Menschen glück-

Die Schau der Wahrheit macht uns frei   67

lich, bringt ihn zum Einklang mit allem Sein. Wir können die platonische Philosophie heute nicht mehr in allem nachvollziehen. Aber die Liebe zur Wahrheit, die Liebe, etwas zu erkennen, die Liebe, hinter das Geheimnis allen Seins zu gelangen, hält die Menschen lebendig. Sie ist wie eine Lust, die ihn beglückt. Manchmal spüre ich das, wenn ich die alten Kirchenväter lese. Dann tauche ich ein in eine andere Welt. Es ist die Welt des Geistes. Und ich spüre, dass sie mir gut tut. Ich finde bei diesen alten Autoren natürlich keine Lösung meiner Alltagsprobleme, aber allein das Denken, auf das ich bei ihnen stoße, erfüllt meinen Geist mit Ruhe und Frieden. So ist es mir auch ergangen, als ich in der „Summe" des Thomas gelesen habe. Allein die dort spürbare Anstrengung des Denkens, das Streben dieses Autors, durch Denken die Probleme des Menschen zu lösen, hat mich in eine andere Welt geführt und mich befreit von den bedrängenden Problemen des Tages. Manchmal erlebe ich es auch in Gesprächen. Wenn ich mit Freunden über das Geheimnis des Menschen, über seine Spiritualität, über unseren Weg zu Gott spreche, dann spüre ich, wie die Sehnsucht nach der Wahrheit, nach dem Eigentlichen, nach dem wir uns sehnen, uns über manches Alltägliche und Banale hinweg trägt und dass wir gemeinsam den Zipfel der Wahrheit berühren. Diese Erfahrung beglückt und führt in eine tiefe innere Ruhe.

Blaise Pascal hat gesagt, Zerstreuung „sei das einzige, was uns in unserem Elend tröstet", doch er fügt hinzu: „dabei ist sie die Spitze unseres Elends". Vordergründig kann Zerstreuung trösten. Und viele Menschen suchen heute den Trost zerstreuender Vergnügungen. Doch es ist nur ein Scheintrost. Denn diese Ablenkungen hindern uns, über uns selbst nachzudenken und uns mit unserer eigenen Wahrheit zu konfrontieren. Der eigentliche Trost jedoch ist die Schau der Wahrheit. Um die Wahrheit schauen zu können, brauche ich weites Herz, das offen ist für alles, was uns begegnet. Der Gipfel dieser Offenheit ist die visio beatifica, die seligmachende Schau der Wahrheit Gottes, die uns im Himmel erwartet. Es ist eine Ursehnsucht des Menschen, so schauen zu können, dass wir das Geheimnis selber schauen, dass wir eins werden mit dem Geschauten, dass wir eins werden mit Gott, der die eigentliche Wahrheit ist. Schau der Wahrheit zielt daher letztlich auf die Schau Gottes, das die Erfüllung unserer Sehnsucht sein wird. Da wird dann keine Trauer mehr sein und kein Schmerz. Dort ist reine Seligkeit.

Die Schau der Wahrheit macht uns frei

Schlafen erfrischt Körper und Geist

Die frühen Mönche haben den Schlaf nicht geliebt. Sie haben versucht, möglichst lange wach zu bleiben. Manche haben sich nie zum Schlafen hingelegt, sondern sich nur an die Wand gelehnt und sind kurz eingenickt. Wenn sie an den Schlaf denken, dann fallen ihnen die mahnenden Worte des hl. Paulus ein: „Wir wollen nicht schlafen wie die anderen, sondern wach und nüchtern sein." (1 Thess 5, 6) Schlafen war für sie ein Bild für die Illusionen, mit denen sich viele einlullen. Christsein heißt für sie dagegen: wachsam sein, achtsam leben. Der kritische Blick auf die Schläfrigkeit als den Zustand vieler Menschen hat ihnen die Augen verschlossen vor der Wohltat des Schlafes.

Thomas von Aquin dagegen hat eine positive Sicht des Schlafes. Er sieht den Schlaf als wirksames Heilmittel gegen Traurigkeit und Schmerzen. Er zitiert den hl. Augustinus, der sagt: „Ich schlief ein und bin wieder aufgewacht, und ich fand meinen Schmerz gar sehr gemildert." Und er verweist auf einen Hymnus des Ambrosius, in dem wir vor dem Schlafengehen bitten: „Dass müden Gliedern stille Ruh' zum Tagwerk neue Kräfte gibt, sich hebt gequälter Seelen Last und bange Trauer leis sich löst." (38,5) Für Thomas führt der Schlaf zum Wohlbefinden des Leibes, weil er den Leib in „den rechten Zustand der lebendigen Bewegung zurückversetzt". Der Schlaf entspricht also der

Natur des Leibes, der – wie die ganze Natur – in einem bestimmten Rhythmus lebt. Die Natur lebt vom Wachsen und Ruhen. Und auch der Mensch lebt nur gesund, wenn er den Rhythmus von Ruhe und Aktivität lebt, von Schlafen und Wachen, oder wie Benedikt das ausdrückt: von ora et labora, von Beten und Arbeiten, von Lassen und Tun. Wer im Rhythmus lebt, den ihm sein Körper vorgibt – heute spricht man von Biorhythmus –, der lebt gesund, in dem breitet sich Wohlbefinden aus. Das Wohlbefinden, das der Leib im Schlaf empfindet, „teilt sich irgendwie dem Herzen mit als dem Quellgrund und Ziel aller körperlichen Bewegungen". (38,5) Der Leib wirkt sich also positiv auf die Seele aus, die der Sitz der Trauer ist.

Als ich mit einem Psychologen über die Begründung des hl. Thomas sprach, dass sowohl der Schlaf als auch das Bad „die Leibnatur in den rechten Zustand der lebendigen Bewegung zurückversetzt", während die „Trauer ihrer Art nach der lebendigen Bewegung des Leibes" widerspricht, war er von dieser Darstellung ganz fasziniert. Seine Überzeugung: Die Gefühle spiegeln sich tatsächlich im Körper wider und können den Leib auch verkrampfen. Und er berichtete von einer heute gern praktizierten Art von Entspannungsübung, die den Leib nicht durch komplizierte Techniken entspannen, sondern ihn einfach in den ursprünglichen Zustand bringen will. Dieser ursprüngliche Zustand tut mir offensichtlich gut. Er erzeugt die Lust. Das be-

Schlafen erfrischt Körper und Geist

stätigt Thomas, wenn er sagt: „Weil durch solche Heilmittel die Natur in den rechten Zustand zurückversetzt wird, verursachen sie überdies Lust. Da nun jede Lust die Trauer mildert, wird also auch durch diese körperlichen Heilmittel die Trauer gemildert." (38,5) Schlaf und Bad bewirken, dass auf ganz unmerkliche Weise der ursprüngliche Zustand des Leibes, die angemessene Spannung im Leib entsteht. Und das hellt die Stimmung auf und ist wirklich eine Tröstung.

Schon der alttestamentliche Psalmist hat das Lob des Schlafes besungen in dem berühmten Vers: „Den Seinen gibt's der Herr im Schlaf." In unserer neuen Psalmenübersetzung heißt dieser Vers: „Umsonst ist es, dass ihr früh euch erhebt und spät euch hinsetzt, das Brot der Mühsal zu essen: Ebensoviel gibt er seinem Geliebten im Schlafe." (Ps 127,2) Durch noch so viele Bemühungen und Überlegungen können wir weder das Wohlbefinden des Leibes noch der Seele erreichen. Wir sollen vertrauen, dass Gott für uns sorgt. Der Schlaf ist Ausdruck des Vertrauens, dass Gott für uns sorgt. Der Psalm 127 hat ja begonnen mit zwei Bildern des Vertrauens: „Baut nicht der Herr das Haus, mühn sich umsonst, die daran bauen. Hütet der Herr nicht die Stadt, wacht umsonst, der sie behütet." (Ps 127,1) Hier sind zwei Bereiche angesprochen, um die wir uns mühen. Da ist einmal der Bau eines Hauses. Das meint die Sorge für unser Leben und unseren Lebensunterhalt. Wenn Gott nicht für uns sorgt, ist all unser Mühen umsonst. Wir können zwar für unser Alter vorsorgen. Aber mit all unserer Sorge können wir nicht verhindern, dass es etwa eine Geldentwertung gibt, dass das Haus durch Unwetter zerstört wird oder dass irgendetwas schief läuft. Der zweite Bereich ist das Bewachen. Wir können weder das eigene Leben absichern, noch können wir das Zusammenleben in der Stadt, in der Gemeinde, in der Kirche, in der Gemeinschaft so kontrollieren, dass es gelingt. Nur wer darauf vertraut, dass die Gemeinschaft seiner Familie, seiner Firma, seines Vereins, seiner Pfarrei von Gott getragen ist, kann ruhig schlafen. Ich kenne viele, die Verantwortung für andere tragen und sich schwer tun, ihre Sorgen loszulassen. Sie können nur schwer einschlafen. Und dann schlafen sie oft unruhig. Oder sie wachen früh auf und wälzen sich im Bett herum. Sie überlegen, was sie alles tun müssten und ob ihre Überlegungen und Entscheidungen alle richtig waren. Da gibt uns das Lob des Schlafes, das der Psalmist anstimmt, eine andere Perspektive, damit wir uns im Schlaf in Gottes Hände fallen lassen.

In der Begleitung höre ich oft Menschen, denen es schlecht geht, sagen: „Aber schlafen kann ich gut. Dafür bin ich dankbar. Im Schlaf kann ich alles vergessen." Ein guter Schlaf ist Trost mitten in den Problemen, die uns belasten. Selig, wer gut schlafen kann. Der Schlaf deckt viele Probleme zu. Wenn wir wieder aufwachen, geht es uns besser. So weiß es schon der Psalmist:

Schlafen erfrischt Körper und Geist

„Kehrt am Abend Weinen ein, – bis zum Morgen ist's Jubel." (Ps 30,6) Die Trauer, die uns am Abend erfüllt, löst sich im Schlaf auf. Wie das geschieht, wissen wir nicht. Manchmal sind es Träume, die Gott uns schickt. Sie zeigen uns mitten in unserer Traurigkeit hoffnungsvolle Bilder von Licht und Wärme. Oft können wir uns nicht mehr an die Träume erinnern. Und doch verdauen die Träume die Probleme, mit denen wir ins Bett gehen. Vor allem dann, wenn wir uns im Schlaf in Gottes gute Hände fallen lassen und – wie es die kirchliche Tradition tut – Gott um gute Träume bitten, können wir vertrauen, dass der Schlaf eine heilsame Wirkung auf unser trauriges Gemüt hat.

Oft erlebe ich, dass Menschen, denen es nicht gut geht, in der Nacht von einem Licht träumen, das sie umgibt, oder dass sie im Traum eine Botschaft hören, die sie ermutigt. Schon die Bibel zeigt uns dieses Phänomen. Joseph hat seinem Vater und seinen Brüdern zwei Träume erzählt, die seine Bedeutung ausdrücken. Die Brüder haben sich darüber geärgert. Für Joseph aber waren diese Träume im Dunkel und in der Verlassenheit der Zisterne, in die ihn die Brüder geworfen haben, ein Trost. Sie gaben ihm das Vertrauen, dass sein Leben gelingt, dass er in seinem Leben eine wichtige Aufgabe erfüllen wird.

Viele leiden heute daran, dass sie nicht gut schlafen. Ich selbst bin dankbar für den Schlaf, den Gott mir schenkt. Natürlich ist der Schlaf manchmal zu kurz, wenn ich nachts spät von einem Vortrag heimkomme, aber trotzdem zumindest zur Eucharistiefeier um 6.15 Uhr aufstehe. Umso mehr genieße ich den Mittagsschlaf. Auch wenn er nur eine gute halbe Stunde dauert, so genieße ich es, den Problemen des Tages, die vormittags aufgetaucht sind, erstmals zu entfliehen und mir den Schlaf zu gönnen. Dann stehe ich erfrischt wieder auf und kann mich meiner Arbeit von neuem widmen.

Schlaflosigkeit kann viele Gründe haben. Ein Grund besteht darin, dass man die Probleme und Sorgen nicht loslassen kann. Ich grüble dann ständig darüber nach, was ich heute falsch gemacht habe oder welche Probleme aus der oder jener Entscheidung erwachsen könnten, was mit den Kindern geschehen könnte und wie es morgen mit der Arbeit gehen wird. Wenn ich nicht abschalten kann, kann ich auch nicht einschlafen. Manche schlafen ein, aber sie wachen nach zwei oder drei Stunden wieder auf. Dann wälzen sie sich im Bett und möchten unbedingt wieder einschlafen. Da wäre es hilfreicher, wie Samuel zu sagen: „Rede Herr, dein Diener hört." So hat es ein jüdischer Psychiater dem anglikanischen Geistlichen und Psychologen Morton Kelsey geraten, der jede Nacht um 2.00 Uhr aufwachte. Kelsey hat den Rat befolgt und erlebt: Die wachen Stunden in der Nacht wurden zu den fruchtbarsten Augenblicken seines Lebens.

Wenn ich im Wachsein einen Sinn sehe, kann ich anders damit umgehen. Vielleicht weckt Gott mich

Schlafen erfrischt Körper und Geist

auf, um zu mir zu sprechen oder um mich einzuladen, über die wesentlichen Dinge meines Lebens nachzudenken. Oder aber er weckt mich auf, damit ich für andere Menschen bete. Wenn ich nicht dagegen kämpfe, sondern das Wachsein für das Beten oder bewusstes Nachdenken über mein Leben nutze, dann werde ich von alleine wieder einschlafen. Und der Körper wird sich die Erholung nehmen, die er braucht.

Reinhold Schneider, der katholische Dichter, hat darunter gelitten, dass er nicht schlafen konnte. Er fühlte sich müde und sehnte sich danach, im Tod für immer einzuschlafen. Die ewige Ruhe war für ihn eine Verheißung. Wenn wir hier in dieser Welt gut schlafen können, dann ist es jetzt schon ein Trost für unsere Müdigkeit. Es gibt eine Müdigkeit, die uns nur schläfrig macht, aber nicht einschlafen lässt. Die gute Müdigkeit lädt uns ein, uns im Schlaf in Gottes gute Hände fallen zu lassen. Diese Müdigkeit können wir genießen. Sie ist erholsam. Wir spüren die Schwere, wenn wir uns müde auf das Bett legen. Und in dieser guten Müdigkeit können wir uns selbst loslassen und uns in Gottes gute Hände fallen lassen. Das ist ja das schönste Abendgebet, das Jesus gemeinsam mit den frommen Juden am Kreuz gebetet hat: „Vater, in deine Hände lege ich meinen Geist." (Lk 23,46 – Ps 31,6)

Diese Haltung, die im Abendgebet Jesu – so wie es uns Lukas überliefert – zum Ausdruck kommt, zeigt aber auch, dass Schlaf und Tod zusammen gehören. Jesus lässt sich im Tod in Gottes väterliche und mütterliche Hände fallen. Wenn wir uns im Schlaf in Gottes Hände bergen, dann ist das schon eine Einübung in das Sterben. Wir wissen ja nicht, ob wir am nächsten Morgen wieder aufstehen. Mozart hat in seinem berühmten Brief vom 4.4.1787 als 31 jähriger an seinen Vater geschrieben: „Ich lege mich nie zu Bette, ohne zu bedenken, dass ich vielleicht (so jung als ich bin) den anderen Tag nicht mehr sein werde – und es wird doch kein Mensch von allen, die mich kennen, sagen können, dass ich im Umgang mürrisch oder traurig wäre." Es ist eine gute Einübung in das Sterben, wenn wir uns jeden Abend in Gottes gute Hände bergen. Sie werden uns in der Nacht behüten. Und sie werden uns auch im Tod auffangen. So nimmt der Schlaf dem Tod alles Harte und Grausame und wird zu einer Tröstung unseres Lebens, über den Tag hinaus.

Schlafen erfrischt Körper und Geist

Bäder reinigen und beleben

Bei der heilsamen Wirkung des Bades zitiert Thomas den hl. Augustinus: „Ich hatte gehört, der Name ‚Bad' käme daher, weil es die Ängstlichkeit aus der Seele vertreibt." (38,5) Woher diese Wortbedeutung kommt, kann Augustinus nicht sagen. Vielleicht denkt er bei „balneum = Bad" an das griechische Wort „ballein = hinauswerfen. Das Bad wirft ängstliche und traurige Stimmungen aus uns heraus, reinigt uns davon. Die Erfahrung, die Augustinus anspricht, können viele bestätigen. Das Bad tut der Seele gut. Das kann das Bad in einem schönen See sein, aber genauso das gemütliche warme Bad in der Badewanne. Die pharmazeutische Industrie hat das aufgegriffen und viele Badezusätze entwickelt, die das Baden besonders angenehm machen. Wenn ich ein Schaumbad in der Badewanne nehme, dann ist das wunderbar entspannend. Ich spüre, wie es dem ganzen Leib gut tut. Es ist ein angenehmer Duft, der vom Badezusatz ausgeht. Inzwischen gibt es zahlreiche Formen der Badezusätze. Da gibt es das Gesundheitsbad, das Erkältungsbad, das Entspannungsbad. Oft sind diese ätherischen Öle mit Heilkräutern vermischt, die ihre gesundheitsfördernde Wirkung zusammen mit dem warmen Wasser am Körper entfalten. Bereits die Antike wusste um die wohltuende Wirkung eines warmen Bades. Es ist also mehr als bloße Reklame, wenn mit einem solchen Gesundheitsbademittel das Versprechen verbunden ist: „Weckt neue Energie, erfrischt und belebt."

Schon als Kinder haben wir uns am Samstagabend auf die Badewanne gefreut. Da haben wir uns Zeit gelassen, in der Badewanne zu liegen und uns zu entspannen. Heute finde ich kaum einmal Zeit, mich in einer Badewanne zu entspannen. Das Duschbad geht schneller und effektiver. Aber wenn ich mir Zeit lasse und das Duschen genieße, kann ich auch da die wohltuende Wirkung erfahren. Ich spüre das Wasser, das mich reinigt und erfrischt. Nach dem Duschen fühle ich mich wieder wie neugeboren.

Im Urlaub kann ich es genießen, mit meiner Schwester im Staffelsee zu schwimmen. Es ist ein wunderbar ruhiger See. Und ich kann an einer Stelle, die nur wenig besucht wird, in aller Ruhe meine Runden drehen, mich vom Wasser getragen fühlen und den Frieden genießen, der von einem solchen See ausgeht. Ich habe dann überall einen wunderbaren Blick auf die Berge. Manchmal schwimme ich den Sonnenstrahlen zu, die sich in den leichten Wellen spiegeln. Es ist eine eigenartige Stimmung, am späten Nachmittag oder am frühen Abend noch im See zu schwimmen und die Ruhe zu spüren, die durch die leichten Wellen gleichsam hörbar wird. Da ist kein Geschrei zu hören, keine lauten Stimmen. Nur wenige Schwimmer und Schwimmerinnen drehen um diese Zeit genauso ruhig ihre Runden. Nach dem Bad, das am Anfang auch

Bäder reinigen und beleben

manchmal sehr kalt sein kann, genieße ich es dann, mich von der Sonne wärmen zu lassen und mich mit meiner Schwester zu unterhalten. Ich spüre idie wohltuende Wirkung des Bades. Nach dem Bad kann man nicht jammern oder über die böse Welt schimpfen oder Probleme wälzen. Das Gespräch dreht sich dann immer um die wesentlichen Dinge, um das, was uns wirklich trägt und erfreut.

Schon als Kind war ich fasziniert von Seen. Mein Vater hat uns als Kind oft an das sogenannte Grundwasser geführt, einen Baggersee gleich in unserer Nähe. Dort hat er uns mit aller Geduld das Schwimmen beigebracht. Und wir haben es genossen, schon als Kinder schwimmen zu können. Noch heute setze ich mich gerne an einen See und genieße einfach die Ruhe. Auch ohne Baden strömt vom See eine Atmosphäre aus, die gut tut. Das gilt auch von Flüssen oder Bächen im Gebirge. Der Gebirgsbach rauscht zwar, aber das Rauschen ist kein Gegensatz zur Stille. Im Gegenteil, er macht die Stille hörbar. Wenn ich mit meinen Geschwistern von einer anstrengenden Wanderung komme, nehmen wir manchmal in einem kalten Gebirgsbach noch ein Fußbad. Das belebt die müden Glieder. Vor allem die Füße, die vom langen Weg manchmal brennen, werden vom kalten Wasser zu neuer Lebendigkeit geweckt. Es ist ein angenehmes, wohliges Gefühl. Die letzte Strecke des Weges gehen wir dann ganz anders.

80   *Lob der sieben Tröstungen*

Schwimmen tut dem Körper und der Seele gut. Gerade bei Rückenproblemen ist das Schwimmen angebracht. Aber auch innere Verkrampfungen können sich mit der gleichmäßigen Bewegung lockern und innere Probleme können wir so loslassen. Und wir fühlen uns getragen vom Wasser. Thomas von Aquin hatte wohl solche natürlichen Bewegungen im Blick, wenn er von der Wirkung des Bades auf die Traurigkeit schreibt. Er meint, die Traurigkeit widerstrebe der lebendigen Bewegung des Leibes: „Was daher die Leibnatur in den rechten Zustand der lebendigen Bewegung zurückversetzt, widerstrebt der Trauer und mildert sie. – Eben deshalb, weil durch solche Heilmittel die Natur in den rechten Zustand zurückversetzt wird, verursachen sie überdies Lust. Denn das gerade ist es, was Lust weckt. Da nun jede Lust die Trauer mildert, wird also auch durch diese körperlichen Heilmittel die Trauer gemildert." (38,5) Das ist höchst weise. Im Bad kommen wir in Berührung mit dem Zustand des Säuglings, der noch im Mutterschoß im Wasser schwimmt. Wir kommen gleichsam in Berührung mit dem paradiesischen Zustand vor unserer Geburt. Das ist wohl ein zentraler Grund, warum wir uns im Wasser so wohl fühlen und warum das Schwimmen uns oft in einen glücklichen Zustand versetzt.

Ich habe mich oft gefragt, warum Kinder so fasziniert sind vom Wasser und immer im Wasser spielen wollen. Vielleicht hat das ja mit dem paradiesischen

Bäder reinigen und beleben

Zustand zu tun, den sie im Mutterschoß erlebt haben. Die Bibel erzählt uns, dass im Paradies vier Ströme fließen. Der Philosoph Bernhard Welte erinnert im Nachdenken über das Baden an die Verheißung, die im Wasser steckt: „als ein Stück anfänglicher Schöpfung, uns Spätlingen der Schöpfung zum Trost zugedacht". Vielleicht spüren wir tatsächlich in jedem Wasser etwas vom belebenden und befruchtenden Wasser des Paradieses, aber auch von der Ruhe und dem Frieden, der vom Paradies ausgeht. Wer am Wasser lange sitzt, wird ruhig. Er hat das Gefühl, dass der Fluss seit Jahrtausenden fließt. Er relativiert all die Probleme, die uns bedrücken. Er lässt sie gleichsam wegfließen.

Die Liturgie singt in der Osternacht ein Loblied über das Wasser. Beim Segen über das Wasser spricht der Priester: „Segne dieses Wasser, das uns an deine Sorge für uns Menschen erinnert. Im Anfang hast du das Wasser erschaffen, damit es der Erde Fruchtbarkeit bringt und uns Menschen zum frischen Trunk und zum reinigenden Bad wird. Du hast das Wasser in Dienst genommen für das Werk deines Erbarmens: Im Roten Meer hast du dein Volk durch das Wasser aus der Knechtschaft Ägyptens befreit, in der Wüste mit Wasser aus dem Felsen seinen Durst gestillt. Die Propheten sahen im Bild des lebendigen Wassers den Neuen Bund, den du mit uns Menschen schließen wolltest." Alles, was die Liturgie von der reinigenden, heilenden, befruchtenden Kraft des Wassers sagt, können wir in unseren täglichen Bädern und beim Schwimmen im Wasser erspüren. Die Liturgie drückt aus, was wir täglich mit dem Wasser erfahren, wenn wir vom Bad als Reinigungsbad, als Erfrischung und als Tröstung sprechen.

Die schönste Bedeutung, die das Bad annehmen kann, wird in dem Fußbad sichtbar, das Jesus seinen Jüngern vor seinem Leiden gönnt. Für Jesus wird die Fußwaschung zum Bild für sein erlösendes und heilendes und reinigendes Handeln. Und in ihr gipfelt seine Liebe: „Da er die Seinen, die in der Welt waren, liebte, erwies er ihnen seine Liebe bis zur Vollendung." (Joh 13,1) Als Petrus sich dagegen wehrt, sich vom Meister die Füße waschen zu lassen, antwortet ihm Jesus: „Wenn ich dich nicht wasche, hast du keinen Anteil an mir." (Joh 13,8) Und dann sagt Jesus etwas vom Geheimnis des Bades: „Wer vom Bad kommt, ist ganz rein und braucht sich nur noch die Füße zu waschen." (Joh 13,10) Drei wichtige Aussagen über das Bad erkenne ich in der Fußwaschung beim letzten Abendmahl. Die erste: Das Bad ist Ausdruck der Liebe Gottes zu uns. Was Jesus seinen Jüngern im Fußbad gezeigt hat, das gilt aber auch für jedes Bad. In ihm dürfen wir Gottes Fürsorge und Liebe erfahren. Die zweite Aussage: Das Bad gibt uns Anteil an Jesus Christus. Was im Bad geschieht, ist ein Bild für das, was Jesus mit seiner Botschaft und mit seinem Tun uns sagen will: Er will uns Anteil an seinem Geist schenken. Das gipfelt in der

Taufe, in der wir mit göttlichem Geist erfüllt werden und in die Gemeinschaft mit Jesus Christus aufgenommen werden. Und die dritte Bedeutung ist die Reinigung. Das Bad reinigt uns, nicht nur von körperlichem Schmutz, sondern von allem, was uns unrein macht, von unseren unlauteren Gedanken, von Sünde und Schuld. Ein evangelischer Pfarrer, der unter schwierigen Umständen in der DDR seinen Dienst tat, erzählte mir: Wenn er von der Stasi Besuch kam und in Gespräche verwickelt wurde, hatte er nachher immer das Bedürfnis, unter die Dusche zu gehen. Er musste sich den Dreck, der von den Mitgliedern der Staatssicherheitsorgane ausging und der sich manchmal auch in seine Worte einschlich, abwaschen.

Wenn wir diese drei Bedeutungen meditieren, dann kann die Wohltat, die wir in jedem Bad spüren können, transparent werden: Sie kann zum Bild der vollendeten Liebe Jesu werden und zum Bild der Reinigung und des Einswerdens mit Christus.

Das Gebet vereint unsere Herzen mit Gott

Thomas nennt das Gebet nicht im Zusammenhang mit den Tröstungen von Traurigkeit und Schmerz. Aber immer wieder kommt er auf das Gebet als Heilmittel für die menschliche Seele zu sprechen. Für ihn ist das Gebet Begegnung mit Gott und Erhebung der menschlichen Seele zu Gott. Ziel des Gebetes ist die Teilhabe an Gott, die Vergöttlichung. Aber zugleich sieht Thomas das Gebet auch als Befähigung des Menschen zu den Tugenden, die zum Gelingen des Lebens beitragen. Im Gebet wird der Mensch also auch in seinen menschlichen Fähigkeiten gestärkt. All das ist ein tieferTrost: das Gelingen des Lebens und die Anteilnahme des Menschen am göttlichen Leben, das ihm seine Würde als Mensch zeigt. Wenn der Mensch mitten in den Turbulenzen des Alltags, in die er innerlich und äußerlich immer wieder gerät, Anteil an Gottes Heil und Gottes Herrlichkeit bekommt, dann fühlt er sich gestärkt, dann erlebt er das Gebet als starken Trost auf seinem Weg als Pilger zu Gott.

Auch Evagrius Ponticus beschreibt das Gebet als Heilmittel für die Seele, als innere Tröstung. Das Gebet ist für ihn die größte Gabe, die Gott dem Menschen schenkt. Es gibt nichts Wertvolleres als im Gebet mit Gott eins zu werden und ganz in seiner Gegenwart zu leben. Im Gebet spürt der Mensch seine Würde. Und zugleich ist das Gebet für Evagrius der Weg, frei zu werden von Ärger und Traurigkeit, von Zorn und von den Kränkungen, die uns sonst so lange beschäftigen. „Das Gebet vertreibt die Traurigkeit und die Mutlosigkeit." (Evagrius, Gebet 16) Umgekehrt ist das Gebet aber auch eine Herausforderung, selbst für andere nicht zum Grund von Traurigkeit zu werden: „Möchtest du beten, wie es richtig ist, dann sei für niemanden Grund zur Traurigkeit, sonst nämlich mühst du dich umsonst." (Ebd 20) Allerdings versteht Evagrius das Gebet weniger als Bitte an Gott, dass Gott uns von Ärger und Traurigkeit befreien, dass er uns diese Gefühle gleichsam wegzaubern sollte. Vielmehr versteht er das Gebet als Weg der Klärung und Verwandlung dieser Gefühle. Dabei ist die Voraussetzung für ein reines Gebet, dass der Beter sich vorher von seinen Leidenschaften reinigt. Er muss sich also seiner eigenen Wahrheit stellen. Doch auf der anderen Seite hilft das Gebet auch, sich von seinen Leidenschaften zu lösen. Denn sobald wir beten, tauchen Gedanken und Gefühle wie Ärger und Zorn und Traurigkeit auf. Dann ist es die Aufgabe des Beters, die Ursache des Ärgers anzuschauen und zu klären.

Evagrius kennt durchaus das Bittgebet. Aber er warnt uns davor, um die Erfüllung unserer Wünsche zu bitten. Denn das führt nur zur Enttäuschung. Um drei Dinge sollen wir beten: „Bete zunächst darum, von deinen Lastern befreit zu werden, dann darum, dass dir Erkenntnis geschenkt wird, und drittens darum, dass Gott dich aus Versuchung und Verlassenheit erlöse." (Das Gebet 37) Das Bittgebet ist aber nur eine Vorstufe. Dann folgt das reine Gebet, ohne Sorgen, ohne störende Leidenschaften, ohne fromme Gedanken. Doch das ist immer wieder gefährdet durch Bilder und Vorstellungen, die sich ins Gebet einschleichen. Das eigentliche Gebet soll alle Bilder loslassen: „Wenn du betest, dann stelle dir die Gottheit nicht als Bild vor. Halte deinen Geist überhaupt frei von jeglicher Form und nähere dich ohne jede Materie dem immateriellen Wesen, denn so nur wirst du es erkennen." (Gebet 66) So reinigt uns das Beten von allen Leidenschaften und Vorstellungen. Auf diese Weise ist für Evagrius das Gebet Heilmittel gegen alle Schmerzen und Traurigkeit, die ja immer auch von Vorstellungen verursacht wird, die nicht erfüllt worden sind.

Wir brauchen aber nicht bei der Gebetslehre des Evagrius stehen zu bleiben. Viele Christen, die keine Ahnung von mystischer Theologie haben, machen im Gebet Erfahrungen, die sie in ihrem Leiden trösten. Sie erfahren Halt und Geborgenheit im Gebet. Sie spüren, dass sie nicht allein gelassen sind. Sie halten ihre Nöte und traurigen Gefühle Gott hin, damit Gott sie verwandle. Gebet ist Begegnung mit Gott. In der Begegnung mit Gott werde ich verwandelt. Allerdings wird nur das verwandelt, was ich Gott hinhalte. Daher bedeutet Beten, meine Wahrheit Gott hinzuhalten in dem Vertrauen, dass er alles in mir mit seiner

Das Gebet vereint unsere Herzen mit Gott

Liebe und seinem Licht durchdringt. Dann gibt es nichts mehr in mir, das mich ängstigt, traurig oder zornig macht. Alle meine Leidenschaften sind von Gottes Geist durchdrungen. Sie können mich nicht mehr von Gott trennen.

Viele leidgeprüfte Menschen erzählen mir, wie ihnen das Gebet hilft. Sie setzen sich in die Kirche und beten vor dem Marienaltar den Rosenkranz. Da erfahren sie die mütterliche Zuwendung Gottes. Und sie spüren Maria als Fürsprecherin, von der sie sich verstanden wissen. Die einfachen Gläubigen können oft nicht erklären, warum sie das Gebet tröstet. Sie machen einfach die Erfahrung, dass es ihnen gut tut. Sie fühlen sich im Gebet getragen, geborgen, verstanden, geliebt. Und sie erfahren im Gebet, dass all das, was in ihnen auseinander zu brechen droht, zusammen gebunden wird, wenn sie sich im Gebet an Gott binden. Sie erfahren Bindung. Und diese Bindung verbindet das Widerstrebende in ihnen. Sie fühlen sich eins mit sich. Sie können sich selbst im Gebet vor Gott spüren. Das tut ihnen gut.

Viele Beter durften erfahren, dass das Gebet ihr Leben wirklich verändert hat. Sie haben gespürt, dass Gott ihr Gebet erhört hat. Doch viele leiden darunter, dass ihr Gebet ins Leere geht. Sie haben den Eindruck, dass all ihr Beten nicht hilft. Oft verstehen sie Gebet vor allem als Bitte. Und sie möchten Gott mit ihren Bitten zu etwas zwingen. Nur wenn das geschieht, worum sie bitten, hat für sie das Gebet einen Sinn. Evagrius hat die Erfahrung gemacht, dass die Erhörung seiner Bitten ihn oft enttäuscht hat. „Denn das, was ich so hartnäckig für mich erstrebte, entsprach nicht den Vorstellungen, die ich davon hatte." (Gebet 32) Daher rät er: „Du solltest nicht so sehr das Ziel verfolgen, sofort Erhörung für deine Bitten zu finden, und dich auch nicht so hartnäckig dabei verhalten. Der Herr möchte dir vielleicht ein noch größeres Geschenk machen als das, worum du gebeten hast, und möchte damit deine Ausdauer belohnen. Gibt es denn etwas, das besser ist, als ein inniger Umgang mit Gott und höher, als ganz in seiner Gegenwart zu leben? Ein Gebet, das durch nichts mehr abgelenkt wird, ist das Höchste, das der Mensch zu Wege bringt." (Gebet 34) Sich selbst in der liebenden und heilenden Gegenwart Gottes vergessen zu können, ist der größte Trost, den ich im Gebet erfahren kann.

Viele dürfen im Gebet die Erfahrung machen, von der Evagrius schreibt. Für sie ist es nicht so entscheidend, dass Gott eingreift in ihr Leben, dass er die Krankheit heilt oder die in Krise geratene Ehe rettet. Sie fühlen sich getröstet, weil sie sich im Gebet an Gott wenden können. Ihnen ist das Gebet als Begegnung mit Gott schon Trost. Es gibt für sie keine Situation, in der sie sich allein fühlen. Sie setzen sich mit ihren Sorgen und Ängsten einfach in Gottes heilende Gegenwart. Das genügt für sie. Das tröstet sie. Be-

Das Gebet vereint unsere Herzen mit Gott

kannt ist die Erfahrung, die der hl. Pfarrer von Ars erzählt. Er war ja ein großer Beter. Und wenn er in der Kirche saß, um für seine Gemeinde zu beten, beobachtete er oft einen Bauern, der stundenlang in der Kirche saß. Er kniete nicht. Er sagte keine Gebete auf. Da fragte er ihn: „Was machst du denn da, wenn du in der Kirche sitzt?" Da antwortete er: „Ich schaue Gott an und Gott schaut mich an. Das genügt." Allein das Anschauen einer Christus-Ikone, von der soviel Liebe ausgeht, oder einer Marienstatue, die voller Zärtlichkeit ist, tut uns gut. Das ist Trost genug, ganz gleich ob sich in meinem Leben äußere Umstände ändern oder nicht.

Paulus beschreibt den Korinthern gegenüber seine Gebetserfahrung als Erfahrung des Trostes. Denn Gott selbst ist für ihn Trost: „Gepriesen sei der Gott und Vater Jesu Christi, unseres Herrn, der Vater des Erbarmens und der Gott allen Trostes. Er tröstet uns in all unserer Not, damit auch wir die Kraft haben, alle zu trösten, die in Not sind, durch den Trost, mit dem auch wir von Gott getröstet werden." (2 Kor 1,3f) Der Gott Jesu Christi, zu dem wir Christen beten, ist vor allem ein Gott des Trostes. Er tröstet den Menschen, der in Not ist, der mit seinem Leben oft überfordert ist. Gotteserfahrung ist immer Trosterfahrung. Im Gebet begegnen wir dem Gott, der uns tröstet, der uns beisteht, der uns gut zuredet, der uns neuen Stand und Festigkeit verleiht. Ja, für Paulus ist es der Geist selbst, der in uns betet: „So nimmt sich auch der Geist unserer Schwachheit an. Denn wir wissen nicht, worum wir in rechter Weise beten sollen; der Geist selber tritt jedoch für uns ein mit Seufzen, das wir nicht in Worte fassen können." (Röm 8,26) Dieser Geist aber ist nach Johannes immer der Tröster. Er tröstet uns in aller Drangsal. Der Tröster selbst betet in uns und öffnet unser Herz in unaussprechlichen Seufzern für Gott. Es ist eine mystische Erfahrung, zu der uns der Geist führt. Und diese Erfahrung, mit Gott eins zu werden, ohne Worte, ist der eigentliche Trost, den das Gebet uns schenkt.

Das Gebet vereint unsere Herzen mit Gott

4. Meine zehn persönlichen Tröstungen

Im Anschluss an die sieben Tröstungen, die sich bei Thomas von Aquin finden, habe ich darüber nachgedacht, was mir Tröstung auf meinem Weg bedeutet. Wo finde ich ein Heilmittel für meine manchmal verwirrte oder traurige Seele? Was tut mir selber gut, wenn ich mich ärgere, wenn negative Gefühle in mir aufsteigen, wenn ich Enttäuschung erfahre oder mich verletzt fühle? Gibt es in solchen Situationen Mittel für die Seelenhygiene? Mir sind zehn Tröstungen eingefallen, die mir über die von Thomas genannten hinaus wichtig sind. Und da ich die Zahlensymbolik liebe, habe ich nicht weiter gesucht. Denn Zehn ist die Zahl der Ganzheit. Die zehn Tröstungen, die mir eingefallen sind, wollen mir helfen, ein ganzer Mensch zu werden, eins zu werden mit meinem inneren Wesen, alle Bereiche meines Lebens von Gottes Trost durchdringen zu lassen. So wünsche ich dem Leser und der Leserin, dass sie sich in den zehn Tröstungen wieder finden und dass Sie im Begehen dieser zehn Orte ein ganzer Mensch werden und dass Sie gemeinsam mit Jesus, der uns zum Hochzeitsmahl unserer Ganzwerdung einlädt, das Fest Ihrer Menschwerdung feiern.

Wandern – gleichmäßig gehen, ganz im Leib

Eine wichtige Tröstung ist für mich das Wandern. Im Urlaub muss ich keine großen Reisen machen, ich erhole mich am besten, wenn ich mit meinen Geschwistern im Gebirge wandere. Dabei weiß ich mich in Gemeinschaft mit meinen Geschwistern. Und doch wandere ich oft schweigend und gehe allein meinen Weg. Ich bin dann ganz im Wandern, lasse mich auf die Schritte ein. Ich überlasse mich dem Schwitzen, wenn es bergauf geht. Dieses gleichmäßige Gehen, das manchmal durchaus anstrengend ist, tut meinem Körper gut. Ich spüre, dass mein Körper noch leistungsfähig ist. Ich fühle ihn. Ich bin ganz in meinem Leib. Und ich spüre die Natur um mich herum. Natürlich ist es dann schön, nach einer Stunde eine kurze Rast zu machen und die wunderbare Landschaft zu betrachten, die felsigen Berge, die grünen Wiesen, die kleinen Gebirgsseen. Und am Gipfel, an dem ich erschöpft ankomme, dann eine ausgiebige Rast und Brotzeit zu halten, das tut meinem Leib und meiner Seele gut. Es ist eine freudige Lebendigkeit, die ich dann erfahre: Die Anstrengung des Gehens wird belohnt durch die wunderbare Aussicht, durch das Ausruhen und Genießen der eigenen Müdigkeit. Ich setze mich bequem nieder und bin stolz, diesen Weg geschafft zu haben. Und ich teile gerne die Freude über den Gipfel und den gemeinsamen Weg mit meinen Geschwistern.

Wir essen miteinander, unterhalten uns, freuen uns aneinander und miteinander.

Als ich noch jünger war, bin ich mit 30 bis 60 Jugendlichen durch den Steigerwald gewandert. Jeden Tag sind wir etwa 25 bis 30 km gewandert, eine Stunde auch schweigend. Das hat mir gut getan: durch die Wälder zu gehen, die frische Luft zu atmen, ganz auf das Gehen und auf die inneren Gedanken konzentriert zu sein. Und dann haben wir immer wieder die gemeinsamen Rastzeiten genossen und viel Freude miteinander gehabt. Das Wandern schafft Gemeinschaft. Aber es lässt auch genügend Raum für die Einsamkeit. Jeder geht seinen Weg allein. Und dann gehen wir wieder miteinander, tauschen uns aus, erfahren, dass wir uns gegenseitig stützen können. Oft war ich dann auch allein im Steigerwald und bin eine Woche allein durch die Wälder gewandert. Auch das war für mich wohltuend, auch wenn ich mich manchmal etwas verirrt habe. Das gleichmäßige Gehen hält den Geist lebendig. Es ist nicht zu anstrengend und tut doch dem Körper gut. Ich spüre, dass ich meinen Rhythmus finde. Und wenn ich in diesem Rhythmus gehe, „geht es" wie von selbst. Da achte ich dann nicht auf die Anstrengung, die es kostet. Es geht einfach weiter. Und im Gehen fühle ich mich im Einklang mit mir selbst, ich fühle mich frei. Ich wandere mich frei von allen Sorgen und Problemen, die mich sonst belasten. Nicht nur der Körper kommt in Schwung, auch der Geist

Wandern – gleichmäßig gehen, ganz im Leib

wird frei. Im Gehen kommen oft auch gute Gedanken. Nicht umsonst haben die griechischen Philosophen, die sogenannten Peripatetiker, ihre philosophischen Gedanken im Gehen entwickelt und miteinander ausgetauscht.

Wenn ich im Kloster bin, mache ich oft am Sonntagnachmittag einen Spaziergang durch unsere Bachallee. Ich gehe am Bach entlang, unter einem schattigen Dach der Bäume, die rechts und links vom Bachweg emporwachsen. Es ist ein stiller Weg, den nur wir Mönche gehen, geschützt von Besuchern oder neugierigen Gaffern. Und dieser Weg erinnert mich an all die Mitbrüder, die seit fast 80 Jahren diesen Weg gegangen sind, die auf diesem Weg meditiert haben. Oft kommen mir auf diesem Weg auch neue Gedanken, die ich dann in Vorträgen oder Büchern entfalte. Ich gehe diesen Weg in jeder Jahreszeit. Im Winter fühlt sich der Weg anders an als im Frühling, im Sommer anders als im Herbst. Jede Jahreszeit hat ihren eigenen Reiz. Ich spüre diese Veränderung mit allen Sinnen, jede Jahreszeit riecht anders, sie sieht anders aus. Im Sommer gehe ich diesen Weg oft nach dem Frühchor. Da spüre ich die Frische des Tages, die mich erfrischt. Während des Jahres gehe ich den Weg meistens mittags. Und manchmal gehe ich ihn abends in der Rekreation nach dem Abendessen mit Mitbrüdern. Nicht nur jede Jahreszeit, auch jede Tageszeit verändert das Spazierengehen. Von ähnlichen Erfahrungen erzählen mir auch die Menschen, die ich begleite. Manche beginnen den Morgen joggend. Es ist ihr Morgenritual, das sie erfrischt. Andere laufen sich abends die Enttäuschung den Ärger des Tages weg. Sie befreien sich von den Spannungen, die sich tagsüber angesammelt haben. Manche finden ihre Entspannung im langsamen Gehen, ohne Hetze, ohne Druck: „Spazieren muss ich unbedingt", sagt Robert Walser. Für ihn ist diese Tröstung so unbedingt, dass er ohne sie nicht auskommt. Vielen anderen geht es ähnlich.

Das deutsche Wort „wandern" hängt mit „wandeln und verwandeln" zusammen. Wer wandert, wandelt sich, er wird verwandelt. Das Ziel der Verwandlung ist die ursprüngliche Gestalt, die Gott mir zugedacht hat und die oft verdeckt ist von den Bildern, die andere mir übergestülpt haben. Das Wandern hat für mich drei Aspekte, die auch ein Symbol für mein Leben selber sind.

Zunächst einmal: Ich wandere aus. Abraham ist ausgewandert aus seiner Heimat, seiner Verwandtschaft und seinem Vaterhaus. Das war für die Mönche ein Bild des dreifachen Auszugs: Ausziehen aus Abhängigkeiten, aus den Gefühlen der Vergangenheit und aus dem Sichtbaren. Für mich heißt auswandern: gleichsam die Stricke hinter mir lassen, die mich fesseln: Abhängigkeit von Menschen, von Gewohnheiten, von Süchten, von Leidenschaften. Ich wandere mich in die Freiheit hinein.

Wandern – gleichmäßig gehen, ganz im Leib

In einem zweiten Sinn deute ich das Wandern auch unter dem Aspekt, dass ich nicht stehen bleibe: Ich wandere immer weiter. Ich gehe meinen Weg weiter. Im Wandern wandle ich mich ständig. Ich ruhe mich nicht aus auf meinen Lorbeeren. Natürlich mache ich Rast auf meinem Weg. Ich halte inne, um neue Kraft zu schöpfen und um über meinen Weg nachzudenken. Aber dann gehe ich weiter. Denn mein Leben ist beständige Wandlung, Verwandlung in das Wesentliche, in das Ursprüngliche, Authentische.

Und schließlich: Ich wandere auf ein Ziel zu. Das sind beim wirklichen Wandern konkrete Ziele: der Berggipfel, die Almhütte, die Wallfahrtskirche. Symbolisch gesprochen ist es letztlich Gott, auf den ich zuwandere. Oder wie Novalis das in seinem berühmten Wort so schön ausgedrückt hat: „Wohin denn gehen wir? – Immer nach Hause." Ich wandere letztlich immer auf Heimat zu, nie nur auf die Heimat, aus der ich gekommen bin, sondern auf eine künftige Heimat hin, auf Gott hin. Beim Wandern erfahre ich, was der Hebräerbrief von den Vätern des Glaubens schreibt, die sich als Fremde und Gäste auf Erden verstanden: „Mit diesen Worten geben sie zu erkennen, dass sie eine Heimat suchen. Hätten sie dabei an die Heimat gedacht, aus der sie weggezogen waren, so wäre ihnen Zeit geblieben zurückzukehren; nun aber streben sie nach einer besseren Heimat, nämlich der himmlischen." (Hebr 11,14–16) Im Wandern erahne ich, dass mein Weg mich letztlich in die himmlische Heimat führt und dass ich mich hier nie für immer festsetzen kann. So ist das Wandern nicht nur eine körperliche und seelische Wohltat, eine echte Tröstung. Es ist auch ein spiritueller Übungsweg, eine Einübung in das Geheimnis meines Menschseins, von dem Jesus sagt: „Die Füchse haben ihre Höhlen und die Vögel ihre Nester; der Menschensohn aber hat keinen Ort, wo er sein Haupt hinlegen kann." (Lk 9,58)

Wandern – gleichmäßig gehen, ganz im Leib

In der Natur – im Einklang mit mir selber

In meiner Jugend wurde die Naturfrömmigkeit mancher Christen lächerlich gemacht. Die eigentliche Frömmigkeit zeigt sich – so sagten meine Religionslehrer – in der Eucharistie. Doch der Ursprung der Spiritualität ist in allen Religionen eine tiefe Verbundenheit zur Natur. In der Natur haben die Menschen Gott erfahren. Sie haben ihn als Schöpfer erlebt. Sie haben die Schönheit der Natur bestaunt. Und sie haben die Lebenskraft gespürt, die in der Natur liegt und die auch in ihnen selbst ist. Alles, was sie in der Natur erfahren haben, war ein Bild für sie selbst. Sie haben das Werden und Vergehen des eigenen Lebens in der Natur wahrgenommen. An Pflanzen und Tieren haben sie etwas erlebt, was sie ihr eigenes Leben tiefer verstehen ließ. Am Baum haben sie erfahren, dass sie verwurzelt sind in Gott. Sie haben sich an mächtige Bäume angelehnt und daran ihre eigene Kraft gespürt. Sie haben sich neben Bäume gestellt, um die Liebe zu spüren, die von ihnen ausgeht.

Die bewusste Wahrnehmung der Natur kennt viele Weisen. Wenn ich im Sommer nach unserem morgendlichen Chorgebet die Natur meditiere, spüre ich eine tiefe Verbundenheit und eine intensive Freude. Ich gehe durch die Bachallee, rieche den morgendlichen Geruch, nehme den Tau wahr, der sich an den Gräsern gebildet hat, bewundere die aufgehende Son-

100   *Meine zehn persönlichen Tröstungen*

ne, die den Tag in ein angenehmes Licht hüllt. Manchmal stelle ich mich dann in der Gebärde der Orante in die Natur und spüre die Weite der Schöpfung, die Frische des Morgens, den zärtlichen Wind und die Sonne, die noch nicht wärmt, aber doch mit ihrem Licht mich durchdringt. Im Urlaub nehme ich mir oft Zeit, in die Natur hinaus zu wandern und dann längere Zeit auf einer Bank oder einer Wiese zu sitzen. Einfach nur die Natur zu spüren ist schon eine heilsame und gute Erfahrung. Ich höre die Vögel zwitschern, die Grillen zirpen, die Gräser im Wind leise rauschen. Ich schaue, ich spüre mit meiner Haut, ich höre die Stille der Natur und ich rieche den Geruch, den gerade dieser Ort ausstrahlt. Dann fühle ich mich eins mit der Natur.

Bei einem Kurs in Vorarlberg haben wir morgens um 6.00 Uhr eine Tauwanderung gemacht. Wir sind barfuss durch die Wiesen gegangen, ganz langsam, um die Wiese zu spüren, den Tau zu spüren, der die Füße reinigt, und um die verschiedenen Pflanzen, gerade auch die Heilpflanzen wahrzunehmen, die auf einer Bergwiese wachsen. Wenn ich barfuss über die Wiese gehe, dann fühle ich mich mit der Natur eins. Ich nehme die Wiese mit jedem Schritt wahr. Da kommen auch Erinnerungen hoch, wie wir als Kinder barfuss gelaufen sind. Damals hatten wir keine Angst, uns schmutzig zu machen, auch wenn die Wiesen mal feucht waren oder die Waldwege aufgeweicht. Es hat uns Spaß gemacht, gerade über solche Wege zu gehen.

In der Natur – im Einklang mit mir selber

Wir haben die Zugehörigkeit zur Erde ganz sinnlich gespürt.

Es ist natürlich besonders schön, die Natur wahrzunehmen, wenn die Sonne strahlt. Doch jedes Wetter hat seine eigenen Reize. Regen und Sturm können mir die Freude an der Natur nicht verderben. Der Regen verwandelt die Natur. Er reinigt die Luft. Durch leichten Regen zu gehen, macht Spaß. Wenn er zu stark wird, dann ist es spannend, sich irgendwo unterzustellen und den Regen zu beobachten. Und wenn danach die Sonne scheint und irgendwo am Horizont ein wunderbarer Regenbogen erscheint, dann drängt es mich einfach, stehen zu bleiben und diese Farben zu bestaunen. Ich kann den Regenbogen nicht anschauen, ohne an die Verheißung von Gottes Bund zu denken, den Gott nach der Sintflut mit den Menschen geschlossen hat. Im Gebirge hat uns bei einer Wanderung einmal ein heftiger Wind begleitet. An manchen Stellen konnten wir kaum weiter gehen, weil der Sturm uns so entgegen blies. Aber auch das sind eindrückliche Erlebnisse von Natur und ihrer Kraft.

Wenn ich darüber nachdenke, warum mich die Natur so anzieht, so sind es vor allem wohl drei Aspekte.

Zum einen spüre ich in der Natur eine Lebendigkeit, die immer wieder aufbricht, die alles Erstarrte aufbricht. Gerade im Frühling erlebe ich diese Lebendigkeit, das frische Grün, das auf einmal die Erde neu macht. Indem ich durch die Natur gehe, spüre ich diese

102 *Meine zehn persönlichen Tröstungen*

Lebendigkeit auch in mir. Es ist letztlich der Geist Gottes, der die Natur durchdringt und erfüllt und zugleich mich lebendig hält. Von der Natur geht die Hoffnung aus, dass auch in mir alles Erstarrte wieder lebendig wird, uns alles Erschöpfte wieder erfrischt. Natürlich erfahre ich das nur, wenn ich die Natur nicht mit dem Blick anschaue, wie weit ich sie für mich ausnutzen kann. Der tröstende Blick in die Natur nimmt die Natur einfach wahr, sowohl die wilde und unberührte als auch die kultivierte Natur. Beides hat seinen Reiz: der Urwald und der gepflegte Wald oder die kultivierte Landschaft mit den Feldern, die sie prägen.

Zum andern fühle ich mich in der Natur geborgen. Wenn ich mich etwa auf eine Wiese lege, spüre ich einen festen Grund, und ich fühle mich zugehörig. Es ist die mütterliche Dimension der Natur. Sie ist wie eine große Mutter, die mich nährt, die mich hält und trägt und mir Geborgenheit schenkt. Auch wenn ich mit dem Zug fahre und in die Landschaft schaue, hat sie etwas Bergendes. Oder wenn ich auf einer Bank sitze und zwischen den Wäldern und Feldern kleine Dörfer sehe mit ihrer Kirche im Mittelpunkt, dann geht von diesem Blick Frieden aus. Ich spüre, dass die Menschen eingebunden sind in die Natur. Und in diesem Augenblick fühle ich mich selbst eingebunden. Die Landschaft hat etwas Mütterliches an sich, das Gefühle von Heimat und Geborgenheit in mir hervorruft.

In der Natur – im Einklang mit mir selber

Und das Dritte: Die Natur bewertet nicht. Ich darf so sein, wie ich bin. Ich muss mich nicht beweisen. Ich bin einfach. Indem ich mich der Natur anvertraue, vertraue ich mich dem Leben selber an. Und ich erlaube mir, einfach so zu sein, wie ich bin. Denn so wie ich bin, mit allen Höhen und Tiefen, mit meiner Dunkelheit und dem Licht in mir darf ich sein, bin ich Gottes Geschöpf, voller Lebendigkeit und voller Liebe. In der Natur spüre ich, dass mir nichts Menschliches, ja nichts Kosmisches fremd ist. Der Blick in den nächtlichen Sternenhimmel zeigt mir, dass wir eingebunden sind in einen größeren Zusammenhang. Das Große und das Kleine, das mir in der Natur begegnet, sagen mir etwas vom großartigen Wunder des Lebens, dessen Teil wir sind. Alles, was ich außerhalb von mir beobachte, ist auch in mir. So kann ich gerade in der Natur oft die Erfahrung tiefen Einsseins machen. Ich bin eins mit allem und erfahre so auch den Einklang mit mir selbst und das Einssein mit Gott, der die ganze Natur durchdringt mit seiner Liebe.

Musik – ein Weg zum Grund unserer Seele

Musik tröstet. Musik erfreut. Am Sonntagabend und manchmal auch am Sonntagnachmittag nehme ich mir Zeit, bewusst Musik zu hören. Ich setze den Kopfhörer auf, um meinen Zimmernachbarn nicht zu stören und überlasse mich ganz der Musik. Oft sind es Bachkantaten, oft auch geistliche Musik von Mozart, Schütz oder Händel. Ich schließe die Augen und lasse die Musik in den ganzen Körper dringen. Dann fühle ich mich von Liebe umhüllt und zugleich durchdrungen. Die Worte, die gesungen werden, berühren das Herz stärker als nur gesprochene Worte. Da klingt im gesungenen Wort das Wesen des Wortes auf. Da scheint es, als ob man das Wort gar nicht anders singen könne als so. Und es gibt Arien, die muss ich mir immer wieder anhören, in denen ich gleichsam allmählich „heimisch" werde. In der Adventszeit höre ich immer wieder die Sopran-Arie „Öffne dich mein ganzes Herze, Jesus kommt und ziehet ein" aus der Kantate BWV 61 „Nun komm, der Heiden Heiland". In dieser Arie ist für mich die Essenz nicht nur von Advent enthalten, sondern meiner Spiritualität schlechthin. Denn darum geht es ja, mein Herz zu öffnen, damit Jesus einziehen kann. Aber indem ich die Arie höre, geschieht es, da muss ich es nicht machen. Ich brauche nur an mir geschehen zu lassen.

Wenn ich gelegentlich einmal ins Konzert eingeladen werde oder wenn wir in unserer Abteikirche ein großes Konzert haben, dann wechsle ich ab zwischen dem Betrachten der Musiker und dem bloßen Hören mit geschlossenen Augen. Wenn ich das Engagement der Musiker sehe, wie sie nicht einfach nur Geige spielen oder Flöte, sondern wie sie mit ihrem ganzen Leib mitgehen und die Musik leibhaft darstellen, dann kommt die Musik, die ich höre, noch einmal anders bei mir an. Dann spüre ich in der Musik die Leidenschaft der Musiker. Doch dann schließe ich die Augen, um selber mit dem ganzen Leib zu hören. Dann erlebe ich das, was Martin Heidegger so ausdrückt: „Hören führt in die Geborgenheit." Ich fühle mich getragen von der Musik. Sie entführt mich in eine andere Welt. Dann erfahre ich, was Fritz Wunderlich mit der ganzen Inbrunst seines Herzens als letztes Lied vor seinem tragischen Unfall gesungen hat: „Du holde Kunst, in wie viel grauen Stunden, wo mich des Lebens wilder Kreis umstrickt, hast du mein Herz zu warmer Lieb entzunden, hast mich in eine bessre Welt entrückt!" (Franz von Schober, vertont von Franz Schubert) Es ist eine Welt, in der Zeit und Ewigkeit zusammen klingen. Im Hören der Musik, die ja in der Zeit erklingt, bleibt zugleich die Zeit stehen. Karl Richter, der große Bachdirigent, verlangsamt oft die Arien. Und er lässt die Musik Bachs so kreisen, dass im Nacheinander doch ein Ineinander entsteht, dass die Musik, je länger sie dauert, desto mehr die Zeit anhält, damit sie erfüllte Zeit wird.

Wenn ich am Schreibtisch eher Routinearbeiten zu

erledigen habe, lege ich gerne Instrumentalmusik von Mozart oder Haydn oder auch Bach auf – und habe dann eine ganz andere Stimmung. Was ich zu tun habe, ist dann keine lästige Arbeit mehr. Die Musik vertreibt die schlechte Laune, sie verbreitet eine fröhliche Stimmung. Und in dieser Stimmung geht das Arbeiten besser voran. Aber wenn ich etwas Neues schreibe, wenn ich konzentriert arbeiten möchte, dann brauche ich dazu die Stille. Die Musik verleiht den Routinearbeiten Leichtigkeit. Aber als Hintergrund bei konzentrierter Arbeit ist sie mir zu schade.

Wenn ich mit dem Auto zu meinen Vorträgen fahre und nachts wieder in die Abtei zurück, höre ich gerne die CDs, die ich im Auto habe: vor allem Bachkantaten, aber auch geistliche Musik von Mozart. Zwischendrin höre ich gerne auch eine Mozartoper an, vor allem dann, wenn mich vorher etwas geärgert hat. Dann entführt mich diese Musik in eine Welt von Fröhlichkeit und Liebe. „Se vuol ballare", diese Arie des Figaro aus der „Hochzeit des Figaro" befähigt mich dann, all das Negative aus mir heraus zu werfen, mich von dem Kleinkarierten zu distanzieren, das ich in der Verwaltung erlebt habe. Diese Musik befreit mich vom Ballast des Alltags und öffnet mich für etwas anderes, für die Welt der Liebe, in die mich die Arien der Susanna oder der Gräfin hineinführen.

Über die tröstende Wirkung der Musik haben schon viele Menschen geschrieben. Wenn sie traurig

Musik – ein Weg zum Grund unserer Seele

sind, hören sie eine bestimmte Musik. Dann wandelt sich ihre Traurigkeit. In der Antike war es vor allem Augustinus, der die tröstende Wirkung der Musik erlebt hat. Er war offensichtlich ein sehr musischer Mensch. Er schreibt von seiner Erfahrung der Musik, die im Gottesdienst erklang: „Die Weisen drangen an mein Ohr, und die Wahrheit flößte sich ins Herz, und fromminniges Gefühl wallte über: die Tränen flossen, und mir war wohl bei ihnen." Musik dringt ins Herz. Und sie löst heftige Gefühle aus. Oft sind es spirituelle Gefühle wie bei Augustinus. Manchmal sind es einfach gute, wohltuende Gefühle. Die Stimmung, die in der Musik ertönt, teilt sich uns mit und verwandelt unsere Stimmung. Bei Mozart können wir beides wahrnehmen: da ist zugleich Traurigkeit und Freude. Seine Musik ist nicht einfach nur oberflächliche Heiterkeit. Da gibt es Stellen voller Melancholie. Aber immer wieder wird sie aufgelöst in eine heitere Gewissheit, dass die Freude stärker ist als die Trauer. Darin drückt sich Mozarts optimistische Spiritualität aus. Letztlich ist es sein Vertrauen in eine Liebe, die alle menschlichen Abgründe durchdringt und verwandelt.

Auf eine noch intensivere Weise nehmen wir Musik wahr, wenn wir selber musizieren. Da lassen wir die Musik nicht nur von außen in uns eindringen, da sind wir gleichsam in der Musik, und die Musik ist in den Musizierenden. Da werden Musik und Musizierende eins. Viele Menschen, die in einem Chor singen, erzählen mir, wie ihnen das Singen gut tut. Sie gehen bedrückt in eine Chorprobe und kommen vergnügt wieder heraus. Das Singen bringt sie mit der Quelle der Freude in Berührung, die auf dem Grund ihrer Seele strömt, die aber oft zu versiegen scheint, weil sie zu sehr zugedeckt ist von Sorgen und Ängsten und Alltagsproblemen. Schon die Griechen haben den Zusammenhang von Singen und Freude erkannt. „Choros", so sagt schon Platon, kommt von „Chara", von der Freude. Und der hl. Augustinus zeigt den Zusammenhang zwischen Singen, Liebe und Freude in seiner klassischen Formulierung: „Wer singt, der lobt nicht nur, er lobt auch freudig. Wer lobsingt, der singt nicht nur, nein, er liebt auch den, dem er singt."

Für Augustinus ist das Singen ein Weg nach Innen, zum Grund der Seele, zum inneren Haus der Stille. So antwortet er auf die Frage „Wie bist du zum Geheimnis Gottes vorgedrungen?" mit den Worten: „In voce exultationis et confessionis, soni festivitatem celebrantis" (Ps 41,5). Durch das jubelnde Singen gelangen wir zum innersten Geheimnis Gottes, zur innersten Wohnung Gottes (secretum domus Dei). Das ist schon eine eigenartige Erfahrung, die Augustinus da beschreibt: Wir denken, im Singen äußern wir uns. Wir bringen die Stimme nach außen zum Klingen. Aber zugleich klingt in der Stimme *in* uns etwas an. Die Stimme führt uns in den inneren Raum der Stimmigkeit, des Einklangs mit uns selbst. Und in diesem Einklang mit

Musik – ein Weg zum Grund unserer Seele

uns selbst klingen wir auch mit Gott zusammen. Da werden wir eins mit ihm.

In seiner Auslegung von Ps 41 beschreibt Augustinus, wie man bei einem Fest Musikinstrumente aufstellt und musiziert. Die Vorübergehenden fragen sich, was da wohl gefeiert wird. Und dann sagt er: „Im Hause Gottes ist ein ewiges Fest." Aber jetzt sind wir noch in diesem Leib und wandern fern vom Herrn (vgl. 2 Kor 5,6). Wir wandern im Nebel, aber voller Sehnsucht. Und da hören wir das Singen, das uns an das Haus Gottes erinnert und in uns eine innere Freude an Gott hervorruft, damit wir wie der Hirsch von den Wasserquellen angezogen uns auf den Weg machen zum Hause Gottes und geführt vom Klang innerer Freude alles Äußere verachten und uns ganz nach innen wenden (in interiora raperetur). Das Singen ist für Augustinus also ein Weg nach innen, zum Haus Gottes, zu seiner Wohnung in unserem Herzen. Und dort im inneren Raum der Stille haben Sorgen und Probleme, depressive Stimmungen und Ärger keinen Zutritt.

Täglich singen wir Mönche fünfmal beim Chorgebet Psalmen. Die Psalmen werden in einer meditativen Melodie gesungen. Da braucht man nicht viel zu denken, sondern überlässt sich ganz dem Gesang. Ich spüre, wie mir das Singen beim Chorgebet gut tut. Es vertreibt negative Stimmungen. Diese Erfahrung haben schon die frühen Mönchsväter gemacht. Der hl. Basilius meint z. B., das Psalmensingen befreie uns von Traurigkeit, es erheitere die Seele und bringe innere Turbulenzen zum Schweigen. Oft spüren wir in uns einen Druck und Stau von Gefühlen und Gedanken. Aber wir können diesen Stau nicht definieren und erklären. Wir wissen nicht, woher er kommt und womit er zusammenhängt. Das Psalmensingen befreit uns von diesem Stau. Es bringt uns in Berührung mit den positiven Gefühlen der Freude. In uns sind ja gleichzeitig positive und negative Gefühle, Traurigkeit und Freude, Angst und Vertrauen, Ärger und Zufriedenheit, Liebe und Hass. Oft fixieren wir uns aber auf die negativen Gefühle und meinen, sie seien die einzige Realität in uns. In Wirklichkeit schneiden wir uns dadurch nur von den positiven Gefühlen ab, die im Grund unserer Seele liegen, oft verdeckt durch die drückende Last der Sorgen. Im Singen kommen wir in Berührung mit den positiven Gefühlen wie Freude, Hoffnung, Sehnsucht und Liebe. Dadurch verlieren die negativen Gefühle ihre Macht über uns. Wir brauchen uns im Singen nicht in Gefühle der Freude und Liebe hineinzusteigern. Wenn wir uns einfach auf das Singen einlassen, dann bewirkt es etwas in uns, dann steigen Freude und Sehnsucht in uns auf.

Was vom Singen gilt, das gilt auch für das Musizieren. Bei einem Osterkurs waren unter den jugendlichen Teilnehmern gute Musiker. Sie spielten zum Mittagessen am Osterfest ein Streichtrio von Haydn. Das war so fröhlich und drückte die Leichtigkeit und

Musik – ein Weg zum Grund unserer Seele   111

Freude des Osterfestes auf wunderbare Weise aus. Die Jugendlichen hörten so beschwingt zu, dass die Osterfreude in ihren Gesichtern zu lesen war. Und es war auch für mich eine Freude, den Musikern zuzusehen. Ihnen machte es soviel Spaß, miteinander zu musizieren. Sie hatten sich erst beim Kurs zusammen gefunden und hatten nun eine große Freude, miteinander zu spielen und anderen eine Freude zu bereiten.

Ich selber habe in der Schule und in den ersten Jahren nach meinem Klostereintritt gerne Cello gespielt. Dann habe ich es leider vernachlässigt. Als ich im letzten Jahr ein Cello geschenkt bekam, habe ich zaghaft wieder angefangen. Ich spiele nicht gut. Aber ich genieße es, die warmen Töne erklingen zu lassen. Sie bringen in meine Seele eine andere Stimmung, sie bringen mich in Berührung mit der Sehnsucht nach dem ganz anderen, letztlich mit der Sehnsucht nach Gott. Von Klavierspielern weiß ich, dass sie sich dann, wenn sie traurig sind, ans Klavier setzen und einfach improvisieren. Sie drücken so ihre Gefühle aus, und im Spielen wandeln sich diese Gefühle. Andere spielen ganz bestimmte Stücke je nachdem, in welcher Stimmung sie sich gerade befinden. Sie spüren, dass gerade diese Musik ihre Traurigkeit vertreibt oder ihren Ärger auflöst oder ihre depressive Stimmung aufhellt.

Eine schöne Geschichte erzählte einmal der ehemalige bayrische Kultusminister Hans Maier. Er hatte beim Orgelspielen die Zeit einfach vergessen. Als er aufhörte, merkte er zu seiner eigenen Überraschung, dass er sechs Stunden lang gespielt hatte. So sehr hatte ihn die Musik erfasst, so hingegeben und selbstvergessen war er im Musizieren versunken, dass die Zeit von selbst verging und für ihn nicht mehr existierte. Das ist sicher auch eine besondere Tröstung der Musik: dass sie uns über die Zeit erhebt, die Endlichkeit und Sterblichkeit vergessen lässt und uns hinausträgt in das Zeitlose, Ewige, das jetzt schon da ist, wenn wir uns in die Musik hinein vergessen.

Musik – ein Weg zum Grund unserer Seele

Spielen – Ausagieren einer tieferen Sehnsucht

Als Kinder haben wir während der Ferien ständig gespielt. Wir haben unsere eigenen Spiele erfunden und es mangelte uns nie Fantasie, irgendwelche Spiele draußen in der Natur zu entwickeln: Versteckspielen, Suchspiele usw. Im Winter waren es abends dann oft einfache Spiele wie „Mensch ärgere dich nicht", die uns fesselten. Das war nicht immer nur lustig. Denn gerne verlieren wollte keiner von uns. Besonders leidenschaftlich haben wir miteinander Fußball gespielt. In unserem Garten war eine kleine Wiese. Auf ihr wuchs bald kein Gras mehr, weil wir ständig darauf „gekickt" haben. Auch da waren wir leidenschaftlich dabei. Wenn jemand verlor, gab es auch manchmal Streit. Dann kam mein Vater aus dem Büro und ließ uns in zwei Reihen antreten. Wir mussten ihm erzählen, wie der Streit angefangen hatte und was ihn ausgelöst hatte. Dann hielt er uns einen Vortrag über deutschen Sportsgeist und ließ uns einander wieder die Hand geben mit dem Sportsgruß: „Hipp, Hipp, Hurra!" Das war wiederum so lächerlich, dass wir vergnügt weiterspielten.

Später in der Schule und im Internat habe ich leidenschaftlich gerne Fußball gespielt. Da fieberte ich oft schon, vor allem wenn es in einem Wettbewerb um das Spiel gegen eine andere Mannschaft ging. Beim Spielen vergaß ich alles andere. Auch als Zuschauer

114   *Meine zehn persönlichen Tröstungen*

war ich im Bann der Spielleidenschaft. In den Ferien fuhren wir mit dem Fahrrad von unserem damaligen Wohnort in Lochham in „unser" Stadion, das alte „Sechziger Stadion" an der Grünwalderstraße in München-Giesing. Auch in der Menge der Zuschauer fieberten wir mit unserer Mannschaft, 1860 München. Im Kloster habe ich weiterhin gerne Fußball gespielt. Aber ich wollte meine Leidenschaft für die Spiele der Bundesliga oder der Nationalmannschaft oder „meines" Vereins 1860 München drosseln und habe nie mehr Spiele angeschaut. Aber am Montag muss ich freilich dann doch in der Zeitung lesen, wie die Spiele ausgegangen sind. Und wenn ich im Urlaub bin und sich die Gelegenheit ergibt, sehe ich mir im Fernsehen auch heute noch gerne Spiele an. Wenn ich unsere Schüler Fußball spielen sehe, dann juckt es mich heute immer noch in den Füßen und ich würde am liebsten mitspielen. Ein Glücksgefühl war für mich nicht nur, ein Tor zu schießen, sondern auch, wenn ich mit einem Pass einen Spielzug eröffnen konnte, der die Mitspieler in eine gute Position brachte. In einer Mannschaft zu spielen, mich ganz und gar für sie einzusetzen und natürlich nach Möglichkeit zu gewinnen, das hat mich immer schon fasziniert. Wenn ich heute ein Spiel anschaue, bin ich auch begeistert von intelligenten Spielzügen eines Teams, wenn sich Kreativität in der Kooperation und leidenschaftliche Hingabe im Spiel verbinden, während ich mich über das allzu sehr auf Si-

Spielen – Ausagieren einer tieferen Sehnsucht

cherheit bedachte Hin- und Herschieben des Balles immer noch eher ärgere.

Ich frage mich manchmal selbst, was mich da so anzieht und fasziniert. Woher rührt die leidenschaftliche Begeisterung der Anhänger einer Sportart oder eines Vereins? Dass sich Fans so mit einer Mannschaft identifizieren und mitfiebern, dass sie von einem Spiel so sehr in Beschlag genommen sind, das hat sicher mit der Sehnsucht zu tun, nicht immer Verlierer sein zu müssen, sondern auf der Seite der Gewinner zu stehen. Letztlich ist es die Sehnsucht danach, dass das Leben gelingt. Und es ist die Sehnsucht nach Verbundenheit, der Wunsch, dazuzugehören. Es gibt ja eine eigenartige Treue der Fans zu ihrer Mannschaft, die nicht immer mit deren Erfolgen zusammenhängt. Da spielt offensichtlich eine tiefe emotionale Bindung eine Rolle, die man rational gar nicht erklären kann. Natürlich ist da auch das Lokalkolorit wichtig: Man identifiziert sich oft einfach mit der Mannschaft, in deren Nähe man wohnt. Aber dass es in Hamburg Fans von St. Pauli und vom HSV gibt, zeigt: Solche Verbundenheit hat nichts mit der Nähe des Wohnortes zu tun. Es spiegelt eine jeweils andere Kultur wieder. Auf der einen Seite die Reichen und eher Distanzierten, auf der anderen Seite die Ärmeren, die sich dafür mit Leib und Seele für ihren Verein einsetzen. Fans erwarten von ihren Spielern Einsatz und Leidenschaft, aber auch Kreativität und Lust am Spielen. Offensichtlich agieren die

116   *Meine zehn persönlichen Tröstungen*

Spieler etwas aus, was in der Seele der Fans schlummert. Sie stellen etwas dar, was in den Zuschauern selber verborgen ist.

Das Spiel hat von seinem Ursprung her diese Bedeutung: das auszuagieren, was in den Seelen der Menschen an Sehnsucht verborgen ist. Das Spiel, sagen Philosophen, steht am Anfang aller Kultur und entstammt ursprünglich der Religion. Deswegen spricht der Autor des berühmten Buches „Homo ludens", der Philosoph Johan Huizinga, wenn er die starke emotionale Intensität, die Anteilnahme und den feierlichen Ernst deutet, auch vom „heiligen Ernst des Spiels", das nach bestimmten Regeln ordnungsgemäß verläuft. Die Menschen haben vor Gott das im Spiel dargestellt, was ihnen für ihr Leben wichtig war. Und sie haben sich im Kult, im heiligen Spiel der rituellen Handlungen und der Liturgie hineingespielt in die Möglichkeiten, die Gott ihnen anbietet. Christen feiern in der Liturgie das Fest unserer Erlösung. Wir spielen uns da gleichsam in die innere Freiheit hinein, die Jesus uns schenkt, und in die Möglichkeiten, die er uns durch sein Wort, seinen Taten und durch sein erlösendes Handeln eröffnet hat. Gelungenes Spiel ist im Letzten immer: sich hineinspielen in die Freiheit des erlösten Menschen, sich hineinspielen in die Freude am Dasein vor Gott.

Nicht bei jedem Spiel wird das ausdrücklich mit bedacht. Aber es ist doch immer unbewusst dabei. Als ich

Spielen – Ausagieren einer tieferen Sehnsucht

in Rom studiert habe, haben wir Mönche aus Münsterschwarzach und St. Ottilien uns immer zum nachmit-
täglichen Kaffee und zum gemeinsamen Schafkopfspielen getroffen. Das war mitten im anspruchsvollen
Studium immer eine Erholung, immer eine Tröstung,
die uns wieder den Schwung gegeben hat, während
der Woche eifrig zu studieren. Kardinal Julius Döpfner
war ein leidenschaftlicher „Schafkopfspieler". Immer
wenn die bayrische Bischofskonferenz getagt hat, hat
er seine Mitbischöfe zum Schafkopfspielen animiert.
Es gab zu seiner Zeit immer zwei Schafkopfrunden,
mit Bischöfen und ihren Sekretären. Dieses Miteinan-
der-Spielen hat damals die Bischofskonferenzen zu
kreativen Sitzungen verwandelt. Heute ist es kaum vor-
stellbar, dass die Bischöfe miteinander Karten spielen.
Entsprechend sind auch die Ergebnisse. Die Leichtigkeit und die Risikobereitschaft, die die Bischöfe um
Döpfner im Spielen ausagierten, floss auch in ihre Verlautbarungen. Heute atmen die Verlautbarungen oft einen Hauch von Strenge, Rechtfertigung, Angriff und
Verteidigung. Das Spielerische ist verloren gegangen.
Vielleicht bräuchten gerade heute nicht nur die Bischöfe den Trost und die Freuden, die im Geist des
Spiels liegen, um sich auf andere Weise an die Menschen wenden zu können, auf eine Weise, die Hoffnung und Zuversicht ausstrahlt.

Lesen – Eintauchen in andere Welten

In meiner Kindheit war ich kein Vielleser. Ich habe lieber Fußball gespielt als zu lesen. Später, im Internat und in der Schule habe ich dann gelesen, was zu lesen war. Nur eine Woche vor Ferienbeginn wurde immer die Karl-May-Bibliothek geöffnet. Da habe ich dann in einer Woche leidenschaftlich gerne einen Band von Karl May gelesen. Das habe ich offensichtlich von meinem Vater. Der hat meiner ältesten Schwester manchmal ein Buch von Karl May geschenkt. Aber dann hat er es erst selber gelesen. Heute lese ich gerne. Ich lese natürlich vieles, was mein Schreiben inspiriert. Bei bestimmten Themen gehe ich in die Bibliothek, suche nach entsprechender Literatur. Oft erinnere ich mich auch, in diesem oder jenem Buch etwas zu diesem Thema gelesen zu haben. Das ist dann immer wieder anregend. Oft entdecke ich dann noch andere Bücher, die mich genauso interessieren. Dann braucht es auch Disziplin, die Bücher wirklich zu Ende zu lesen.

Andere haben schon als Kinder leidenschaftlich gerne gelesen. Das bleibt nicht folgenlos. Ein Mann erzählte mir zum Beispiel, er habe unter der Bettdecke immer mit einer Taschenlampe Romane gelesen, in denen es um das Thema Freundschaft ging. Dieses Motiv der Freundschaft hat ihn dann tatsächlich sein Leben lang begleitet: Er gründete mit einem Freund später sogar eine gemeinsame Firma. Der evangelische Theo-

Lesen – Eintauchen in andere Welten

loge Klaas Huizing erzählt, dass ihm seine Großmutter immer vorgelesen hat. Und er hat auch selbst viel gelesen: „Ich bin immer ein Buchtrinker geblieben", schreibt er, „ein Vielleser, Schnell-Leser, Allesleser, mache keinen Unterschied zwischen ‚guter' und ‚schlechter' Literatur, denn ich gehöre bereits zur Comic-Generation … Ich schmökere auf der Couch, im fetten Sessel, am überquellenden Schreibtisch (mit Vorliebe bei hochgelegten Beinen, eine Haltung, die meine Töchter immer zu dem Vorwurf animierte, ich befände mich ständig im Urlaub), im Bett, wenn eine Lektüre unmerklich die Angst vor Schlafes Bruder nimmt." (Huizing, Der erlesene Mensch, 12) In diesem Text habe ich mich selbst wiedererkannt: Ich lese am liebsten auch im bequemen Sessel und lege dabei meine Füße gerne hoch. In dieser Haltung ist Lesen immer so etwas wie Erholung, so etwas wie Tröstung in einer Zeit, die sonst von Arbeit geprägt ist. Auch die theologischen Bücher, die als Pflichtlektüre ja eher zur Arbeit gehören, lese ich in dieser entspannten Haltung, so dass auch dieses Lesen sich eher wie Urlaub und nicht wie Arbeit anfühlt.

Klaas Huizing spricht von der Lust am Lesen und vom lustbetonten Leser. Er spricht von der Wollust am Leben, wendet sich mit Adorno ab von Kants „kastriertem Hedonismus", der nur ein interesseloses Wohlgefallen und kein lustbereitendes Wohlgefallen kennt. Diese Art des Lesens wendet er auch auf die Bibel an, die ja vor allem auch gelesen werden soll: „Denn es ist das Buch, in das sich die Leser verkriechen müssen, um als Gotteskinder wiedergeboren zu werden. Die sexuelle Metaphorik, die in der Rede vom Lektüre*akt* verborgen liegt – mit dem Hof der Metaphern vom sich ins Buch versenken oder verkriechen, dass einem Hören und Segen vergehen etc. –, hat hier ihren ursprünglichen Sitz im Leben." (Huizing 183) Lesen hat also etwas mit Wiedergeburt zu tun. Beim Lesen der Heiligen Schrift geht es nicht um ein moralisierendes Lesen, sondern um das Lesen, in dem ich eintauche in den Text und auf diese Weise neu aus ihm auftauche.

Für viele ist es ein großer Trost, beim Lesen in eine eigene Welt einzutauchen. Mir erzählen Menschen, die eine schwierige Kindheit hatten, dass das Lesen für sie ganz wichtig war. In der ganz anderen Welt der Lektüre haben sie innere Freiheit gespürt. Nicht die Welt der Eltern hat sie dabei bestimmt, sondern diese neue Wirklichkeit, die sie sich im Lesen erschlossen haben. Sie waren da nicht festgelegt auf das, was sie in der Familie an Demütigung und Verletzung erfahren haben. Sie konnten eintauchen in die Welt von Helden, von Liebhabern, von Menschen, die ihr Leben gemeistert haben. Indem sie gelesen haben, kamen sie in Berührung mit ihren eigenen Möglichkeiten. Denn der Held, der die Gefahren durchsteht, war auch in ihnen. Menschen, die solche Erfahrungen machen können, werden diese enge Welt der Familie hinter sich lassen und ihr

Lesen – Eintauchen in andere Welten

Leben wird gelingen. Der Liebhaber der Geschichte ist in ihnen, die Verheißung der gelingenden Liebe berührt ihre Sehnsucht nach Liebe. So war das Lesen für sie überlebensnotwendig. Es hat sie gerettet aus der Enge ihrer Kindheit und hinein geführt in die weite Welt des Denkens, des Fühlens, der Weisheit, der Liebe und des Engagements für andere.

Auch für Erwachsene ist das Lesen oft ein wichtiger Trost mitten in einem trostlosen Leben. Manche lesen jeden Morgen einen kleinen Abschnitt aus einem Buch. Wenn mir Menschen erzählen, dass sie jeden Morgen ein Buch aufschlagen und den Tag mit einem kurzen Impuls beginnen, berichten sie auch davon, dass für sie der Tag dann anders anfängt. Sie lassen sich nicht von äußeren Terminen oder von den Erwartungen anderer bestimmen, sondern kommen durch das Lesen mit ihrer eigenen Seele und ihren eigenen Möglichkeiten in Berührung. So gehen sie hoffnungsvoller in den Tag. Manche haben ihr Lieblingsbuch auch auf dem Nachttisch liegen und beschließen den Tag, indem sie einen kleinen Abschnitt lesen. Dann beruhigen sich die vielen Sorgen, die sie tagsüber geplagt haben. Sie tauchen in der Nacht in die Welt ihrer Seele ein, mit der sie beim Lesen in Berührung kamen.

Manchmal beschuldigen sich manche Leser, dass sie die Anregungen der Bücher zwar gut finden, dass sie sie aber nicht im Alltag verwirklichen können, weil zu viel anderes auf sie einströmt. Ich versuche sie dann immer damit zu trösten, dass es schon genügt, wenn sie täglich zehn Minuten herausgerissen werden aus der Tretmühle des Alltags und sich im Lesen selber spüren. Allein dieses Spüren verwandelt etwas in ihnen. Allmählich werden sie eine Wandlung in sich bemerken. Das Lesen auch eines noch so inspirierenden Buches geht ja nicht zuerst über den Willen, alles zu erfüllen, was da im Buch steht. Der erste und wichtigste Schritt des Lesens ist, dass wir uns mit anderen Perspektiven beschäftigen, dass wir eintauchen in eine andere Welt, und dass wir in dieser anderen Welt mit unserer Seele in Berührung kommen. Unsere Seele wird beflügelt. Das tut uns schon gut. Dann werden wir leichter über manches hinwegfliegen, in dem wir sonst stecken bleiben würden. Der zweite Schritt wäre dann zu überlegen, was ich konkret üben möchte. Aber auch das Üben geht nicht allein über den Willen, sondern es ist ein Training für Leib und Seele. Es ist ein Trainingsprogramm, das wir uns selbst erarbeiten und das uns langsam weiter bringt.

Es geht beim Lesen nie darum, dass wir alle Ratschläge des Autors befolgen. Vielmehr ist das Ziel des Lesens, in Berührung zu kommen mit den eigenen Möglichkeiten, die auf dem Grund unserer Seele bereit liegen. Unsere Seele weiß sehr wohl, was ihr gut tut. Sie braucht nur von außen manchmal einen Anstoß, um sich ihres eigenen Wissens zu vergewissern. Unsere Seele kann oft nicht formulieren, was sie eigentlich be-

Lesen – Eintauchen in andere Welten

wegt. Im Lesen entdecken wir dann Formulierungen, die genau das beschreiben, was wir selbst spüren. Es bringt letztlich unsere eigenen Gedanken zum Ausdruck. Wir sehen im Lesen klarer, was wir eigentlich denken und fühlen und was wir mit unserem Leben ausdrücken möchten.

Wenn ich versuche, mich an die Bücher zu erinnern, die ich schon gelesen habe, so stelle ich fest: Ich weiß ich nicht mehr, was in all diesen Werken steht. Manche fallen mir sofort ein, wenn ich über ein bestimmtes Problem nachdenke. An andere erinnere ich mich einfach nur gerne, weil ich mich vergessen konnte, als ich sie las. Manchmal lese ich sie dann noch einmal und merke, dass ich manches ganz anders in Erinnerung hatte. Der Schriftsteller Patrick Süskind erzählt von ähnlichen Erfahrungen. In seinem humorvollen Essay „Amnesie in litteris" schreibt er von den zahlreichen Büchern, die er in seinem Regal stehen hat. Er greift eines heraus und liest darin. Dabei bemerkt er, dass einer vor ihm, lesender Vorgänger sozusagen, gerade die Stellen, die auch ihn berühren, angestrichen hat – und entdeckt auf einmal, dass er selbst der Vorgänger war. Denn er erkennt seine Handschrift wieder, mit der er damals seinen Kommentar gegeben hat. Und er fragt sich, wozu das viele Lesen, wenn er sich gar nicht mehr daran erinnern kann. Doch dann tröstet er sich mit der Einsicht: „Aber vielleicht – so denke ich, um mich zu trösten –, vielleicht ist es beim Lesen (wie im Leben) mit den Weichenstellungen und abrupten Änderungen gar nicht so weit her. Vielleicht ist Lesen eher ein imprägnativer Akt, bei dem das Bewusstsein zwar gründlichst durchsogen wird, aber auf so unmerklich-osmotische Weise, dass es des Prozesses nicht gewahr wird. Der an Amnesie in litteris leidende Leser änderte sich also sehr wohl durch Lektüre, merkte es aber nicht, weil sich beim Lesen auch jene kritischen Instanzen seines Hirns mit veränderten, die ihm sagen könnten, *dass* er sich ändert." (Süskind 22) Das ist sicher ein guter Trost für alle, die sich nicht mehr an das erinnern, was sie gelesen haben. Das Lesen hat sie dennoch verwandelt. Es hat tief in ihrer Seele eine Wandlung bewirkt.

Lesen – Eintauchen in andere Welten

Erinnerung – kostbarer Schatz unseres Herzens

Eine besondere Weise des Lesens ist für Hermann Hesse das Lesen im Buch der Erinnerung. Und für Jean Paul ist die Erinnerung das Paradies, aus dem uns keiner vertreiben kann. Henri Nouwen, der holländische Theologe und Psychologe, hält die Erinnerung für einen kostbaren Schatz, den wir in unserem Inneren tragen. Er schreibt: „Je älter wir werden, an desto mehr erinnern wir uns, und irgendwann bemerken wir, dass das meiste, wenn nicht alles von dem, was wir haben, Erinnerung ist." (Nouwen, Erinnerung 15) Aber für Nouwen ist es entscheidend, *wie* wir uns erinnern. Manche erinnern sich nur an negative Erlebnisse, an Verletzungen und Kränkungen, an Unglück und ungerechte Behandlung durch andere. Sie werden durch die Erinnerung bitter. Wichtig ist aber, dass wir aktiv mit unserer Erinnerung umgehen, dass wir das Verletzende und Dunkle nicht ausklammern, aber immer schon als das Geheilte und Erhellte erinnern.

Nouwen beruft sich auf den Philosophen Max Scheler, der der Erinnerung eine heilende und befreiende Kraft zuschreibt: „Sich erinnern ist der Anfang der Freiheit von der heimlichen Macht der erinnerten Sache oder des erinnerten Ereignisses." Erinnern ist demnach also nicht etwas Passives, sondern etwas Aktives. Wir wählen aus, woran wir uns erinnern. Und auch die Art und Weise, wie wir uns erinnern, liegt in unserer Hand. Wir sollen nicht in den alten Wunden bohren; damit würden sie nur noch größer werden. Vielmehr sollen wir uns erinnern an die heilende Kraft, die stärker war als die Verletzungen. Wir sollen daran denken, dass Gott uns in all diesen dunklen Zeiten unseres Lebens nicht allein gelassen hat, auch wenn wir ihn nicht immer gespürt haben. Dann werden auch die verletzenden Erfahrungen zu einem kostbaren Schatz, den wir hüten. Sie erinnern uns, dass Gott uns berührt und geheilt und geführt hat.

Wenn ich mit meinen Geschwistern im Urlaub bin, sitzen wir abends oft noch bei einem Glas Wein zusammen. Wir erzählen uns dann von Situationen aus unserer Kindheit, von Aussprüchen unserer Eltern, von Reaktionen der Mutter auf unsere kindlichen Einfälle und vom Stolz des Vaters, wenn wir den Mut hatten, mit unseren Fahrrädern weite Touren nach Österreich und Italien zu machen. Er hatte nie Angst, dass uns etwas passieren könnte. Er hat uns immer ermutigt, das Leben zu wagen. Wir erinnern uns dankbar an dieses Vertrauen. Indem wir es erzählen, wird es lebendige Wirklichkeit. Wir fliehen nicht in die Vergangenheit, sondern wir erinnern uns, um uns jetzt unserer eigenen Identität und unserer Geschichte bewusst zu werden. Wir lachen an solchen Abenden viel, wenn jeder sich an etwas anderes erinnert oder jeder es auch auf andere Weise tut. Bei solchen Gelegenheiten ist eine heitere Leichtigkeit zu spüren. Und zugleich verbindet uns das Erzählen. Wir spüren unsere Zusammengehörigkeit. Denn wir haben die gleiche Geschichte, die uns prägt.

„History is five years old", sagt man in Amerika. Menschen haben aber das Bedürfnis, ihr Leben in einem größeren Rahmen zu sehen und zu deuten. Meine Schwester erzählt, dass ihre Enkelkinder – gerade auch die drei Enkelkinder, die in den USA aufwachsen – von ihr ständig alte Geschichten aus der Kindheit hören wollen. Die Enkelkinder wissen oft schon mehr von meinen Eltern, als mir selber noch bewusst ist. Gerade diese Kinder, die im Kontext einer eher erinnerungslosen Kultur leben, sehnen sich nach Geschichten und Geschichte, um ihr eigenes Leben in einem größeren Horizont sehen zu können. Sie erleben in der Erinnerung an die alten Geschichten die Wurzeln, die sie nähren und aufblühen lassen. Und sie haben offensichtlich das Bedürfnis, in einer Gesellschaft, in der nur die Gegenwart zählt, das Vergangene gleichsam ins Leben zurück zu holen. So wird ihr Leben tiefer, reicher, bunter – und es gewinnt auch an Festigkeit.

Erinnern ist keine Flucht vor der Gegenwart. Es gibt natürlich Menschen, die nur von der Vergangenheit sprechen. Sie erinnern sich an ihre Großtaten und Leistungen und schwärmen von besseren Zeiten, um damit die Gegenwart anzuklagen. Solche Erinnerung wirkt beschönigend. Sie hilft nicht weiter. Ich darf mich an das Schöne und Gute der Vergangenheit erinnern, ohne sie zu verklären. Aber ich erinnere mich, um heute anders leben zu können. Ich lasse mich nicht bestimmen von der Gegenwart. Ich lebe in der Gegenwart als ein Mensch mit einer Geschichte, die ihn geformt hat. Die Geschichte kann mir niemand nehmen. Viktor E. Frankl, der spätere Begründer der Logotherapie, hat sich im KZ an die Liebe zu seiner Frau erinnert. Die konnte ihm niemand nehmen. Was er mit seiner Frau erlebt hat an Liebe, was er an schöner Musik gehört, an großartigen Theaterstücken gesehen hat, was er gelesen hat an Dichtern und Denkern, das war sein Schatz, den ihm niemand rauben konnte. So befreit uns die Erinnerung von der Macht des Momentanen, von den Erwartungen der Menschen, die uns in ihr Bild hineinpressen möchten. Die Erinnerung zeigt uns unsere wahre Würde. Sie zeigt uns, wer wir geworden sind und was jetzt unser wahres Wesen ist. Auch in den Schrecken einer harten Gegenwart kann sie eine Tröstung sein. Denn sie lässt uns diese Gegenwart gelassener sehen, stellt sie in einen größeren Horizont und relativiert sie dadurch.

Bei Kursen lasse ich die Teilnehmer sich oft daran erinnern, wo sie als Kind leidenschaftlich gerne gespielt haben oder wo sie fasziniert waren von bestimmten Gestalten in Märchen oder Erzählungen oder aber auch von Menschen in ihrer Umgebung. Wenn sie dann davon erzählen, dann verändert sich die Stimmung im Raum. Es kommt etwas Leichtes auf. Man-

Erinnerung – kostbarer Schatz unseres Herzens   129

chen ist es zunächst peinlich, so in die Kindheit zu-
rückzugehen. Sie meinen, das Leben würde sich jetzt
abspielen und solches Zurückgehen in die eigene Vergangenheit sei Flucht. Aber wenn einige dann anfangen zu erzählen und wenn sie aus der Erinnerung heraus dann überlegen, wie die damalige Begeisterung
ihr Leben und ihre Arbeit heute verwandeln und inspirieren könnte, dann wagen sie es auf einmal auch, ihre
eigenen Erinnerungen zu erzählen. Sie kommen im
Erinnern in Berührung mit dem Potential, das in ihnen
steckt und oft genug verborgen war.

Das deutsche Wort „erinnern" meint, dass wir das,
was wir getan oder erlebt haben, nach Innen bringen,
dass wir dessen inne werden, dass wir es von innen heraus wahrnehmen und verstehen. Das, was geschehen
ist, soll eine innere Wirklichkeit werden, die uns niemand mehr rauben kann. Im Lateinischen heißt „erinnern" „recordare". Das meint eigentlich: ans Herz binden, zum Herzen zurückbringen. Das, was wir erlebt
haben, sollen wir in unser Herz bringen, damit es im
Herzen für immer aufgehoben ist, dass es wie ein Schatz
in unserem Herzen ruht. Ich kann „recordare" auch so
übersetzen: Ich komme immer wieder zurück zu meinem Herzen. Wenn ich mich erinnere, gehe ich aus der
äußeren Welt zurück zu meinem Herzen, zur inneren
Welt meiner Seele. Dort bin ich ganz ich selbst. Dort
hüte ich den Schatz und das Geheimnis meines Lebens.
Und diesen Schatz kann mir niemand rauben.

Heimat – ein Trost, der die Seele berührt

Für viele Menschen ist auch die Erfahrung der Heimat ein Trost. Nicht nur heute, wo die Globalisierung und ihre Auswirkungen Mobilität zur geforderten Haltung machen. Aus dem 17. Jahrhundert gibt es ein chinesisches Werk mit dem Titel „Die 33 glücklichen Augenblicke des Herrn Chin Shengt'an". Da heißt es: „Ein Mann kommt von einer langen Reise nach Hause zurück; er sieht das alte Stadttor und hört die Frauen und Kinder auf beiden Seiten des Flusses in seiner Mundart reden. Ist das vielleicht nicht Glück?" Wir leben in einer ganz anderen Zeit, einer anderen Kultur und einem anderen Kontinent: Und doch erleben wir etwas Ähnliches, wenn wir uns – von weit her kommend – wieder unserer Heimat annähern. Wenn wir in unsere Heimat kommen, dann sind es viele Dinge, die uns trösten: die Landschaft mit ihrem eigenen Geruch, die Erinnerungen an Erlebnisse von Geborgenheit, an die ersten wichtigsten Erfahrungen unseres Lebens, an die erste Liebe. Die vertraute Landschaft zu sehen, ist ein Augentrost. Wir können oft gar nicht beschreiben, was uns an der heimatlichen Landschaft berührt. Es ist einfach der gewohnte Anblick, das Vertraute, das Geheimnisvolle, das Bergende. Aber es gibt nicht nur den Augentrost, sondern auch den Ohrentrost. Von ihm spricht der chinesische Weise. Wenn wir den Dialekt unserer Heimat nach langer Zeit wieder einmal hören oder einfach nur die Färbung der Sprache, wie sie an unserem Heimatort üblich ist, dann berührt das auch unser Herz. Wir kommen über die Berührung mit der Sprache auch in Berührung mit tiefen Emotionen. Nicht umsonst sprechen wir ja von der Muttersprache. Die Sprache ist Heimat. Das gilt von den Worten, in denen wir unsere Gefühle und Erfahrungen ausdrücken. Worte schaffen Heimat. Es gilt aber auch vom Klang der Sprache, vom Dialekt, den wir reden. Der Dialekt ist eine Sprache des Herzens. Selbst wenn wir tiefe philosophische Themen im Dialekt erörtern, ist immer das Herz mit dabei. Es ist auch eine ganz besondere, eine Wort und Klang gewordene Weisheit des Herzens, die in besonderen Redensweisen der jeweiligen Landschaft zum Ausdruck kommt. Im Dialekt klingt immer auch Liebe mit. Was im Dialekt gesprochen wird, das kommt aus dem Herzen und das ist mit Liebe erfüllt.

Für mich selbst gibt es zwei Orte, an denen in mir das Gefühl von Heimat aufkommt: Lochham, ein typischer Wohnort vor München, wo ich als Kind aufgewachsen bin; und die Abtei Münsterschwarzach, in der ich nun schon seit 48 Jahren lebe. Wenn ich bei meinem Bruder zu Gast bin, der das Haus meiner Eltern bewohnt, dann erinnere ich mich an die vielen Erlebnisse, die ich als Kind in diesem Haus hatte. Wenn ich auf der Terrasse sitze und in den Garten schaue, dann fallen mir all die Spiele ein, die wir gemeinsam gespielt haben. Wenn dann die immer noch gleiche Kirchenglocke läutet, tauchen all die Erfahrungen auf, die ich in den Gottesdiensten als Ministrant gemacht habe. Ich gehe durch den Wald nach Maria Eich, einem kleinen Wallfahrtsort, zu dem ich oft mit meinem Vater gegangen bin. Dann ist es der Geruch des Fichtenwaldes, der für mich Heimat bedeutet. Und es berühren mich die ausgetretenen Wege, die immer noch die gleichen sind wie vor 60 Jahren. Wenn ich daheim bin, besuche ich auch das Grab meiner Eltern. Da verdichtet sich für mich Heimat. Da ist ein Ort, an dem sie auf andere Weise präsent sind als im Elternhaus. Und ich schaue mich dann auch nach anderen Gräbern um. Ich lese die Namen. Manche sind mir vertraut. Auch das ist für mich Heimat. Die Erinnerung an all die Menschen kommen hoch, die in meinem Leben, gerade in meiner Kindheit, eine Bedeutung für mich hatten: alte Lehrer, Nachbarn, Kirchgänger, Klassenkameraden.

Ein anderes Gefühl des Zuhause-Seins kommt in mir hoch, wenn ich von einer längeren Reise wieder nach Münsterschwarzach heimkehre. Da grüßen mich schon die Türme der Abteikirche, die die Landschaft bestimmen. Da spüre ich, dass ich heimkomme. Ich spüre die Heimat, wenn ich durch den Kreuzgang gehe und mich an die Mitbrüder erinnere, die mich geprägt haben und die diesen Gang immer wieder durchschritten haben. Ich spüre Heimat, wenn ich durch die

Heimat – ein Trost, der die Seele berührt 133

Bachallee beim Kloster gehe. Erinnerungen an das Noviziat kommen hoch, an die ersten Klosterjahre, in denen ich dort oft meditiert habe. Es sind noch ältere Erinnerungen an meine Zeit im Internat. Damals haben wir die Bachallee unter unserem Sportlehrer P. Willigis als Tausendmeter-Bahn benutzt. Zu dieser Zeit gab es noch keinen richtigen Sportplatz in der Abtei, nur einen zum Fußballspielen.

Von der Sprache her merke ich, dass auch das Oberbayrische, das mich als Kind umgeben hat, Heimatgefühle auslöst. Der fränkische Dialekt ist mir zwar vertraut. Aber er bleibt immer nur Wahlheimat. Ich könnte nie selbst darin heimisch werden. Da spüre ich eine innere Distanz. Es ist nicht meine Sprache. Wenn mich bei Vorträgen Leute ansprechen, sie würden aus meiner fränkischen Heimat kommen, dann erkenne ich natürlich am Akzent den Franken. Aber wenn ich bei Vorträgen oder Konferenzen auf Menschen mit einem oberbayrischen Tonfall treffe, dann stellt sich sofort Vertrautheit und das Gefühl von Heimat ein.

Heute fühlen sich viele Menschen heimatlos. Und dennoch sehnen sie sich nach Heimat. Früher blieben die Menschen oft ihr Leben lang im Ort, wo sie geboren wurden. Dann wurde die Heimat oft auch eng. Und viele haben den Wert der Heimat erst erlebt, als sie in die Fremde gegangen sind. Dann haben sie sich an ihre Heimat erinnert. Die Erinnerung an die Heimat war für sie ein Weg, mit ihren Wurzeln in Berührung zu kommen und die eigene Identität mitten in der Fremde zu spüren. Und wenn sie dann aus der Fremde nach Hause gekommen sind, dann hatten sie ein eigenartiges Gefühl: Heimat war für sie Geborgenheit, Liebe, Wurzel. Sie spürten, dass sie hier daheim sind, dass sie hier sein dürfen, wie sie sind.

Viele Menschen machen diese eindeutige Erfahrung kaum mehr. Sie sind in ihrem Leben immer wieder umgezogen. Sie können oft gar nicht sagen, wo sie ihre Heimat sehen: dort, wo sie geboren wurden, oder wo sie am längsten gewohnt haben, oder wo sie am glücklichsten waren. Doch auch diese Menschen suchen nach Heimat. Sie sehnen sich danach, dass sie irgendwo daheim sind, zugehörig sind: entweder in der Kirche oder in bestimmten sozialen Gruppen wie Lions Club oder Rotarier-Club. Oder sie suchen einen Sportverein, einen Chor, in dem sie singen, eine Meditationsgruppe, in der sie miteinander Stille genießen. Sie suchen jedenfalls einen Raum, in dem sie Zugehörigkeit erfahren. Sie sagen, sie seien dort daheim, wo sie verstanden werden, wo sie sein dürfen, wie sie sind, wo sie sich nicht beweisen müssen, wo sie sich aber auch mit ihren Gaben und Interessen einbringen können.

Die deutsche Sprache sieht Heimat und Geheimnis zusammen. Letztlich ist es nicht die Nostalgie nach dem Geburtsort, die uns das Heimatgefühl vermittelt. Wenn wir uns genau beobachten, wann und warum wir uns an bestimmten Orten, in bestimmten Situatio-

Heimat – ein Trost, der die Seele berührt

nen, etwa im Gottesdienst, in einem Gespräch, in einer Gruppe oder auch bei einem einsamen Spaziergang durch den Wald daheim fühlen, dann ist es letztlich immer das Geheimnis, das uns dort umgibt. Es strahlt ein Geheimnis auf, das größer ist als wir selbst, das uns eintauchen lässt in das Geheimnis Gottes, aber auch in das Geheimnis der Menschen, die hier an diesem Ort gelebt und gelitten und geliebt haben. Das tiefste Gefühl von Heimat löste bei mir als Kind aus, wenn uns die Eltern mit der hellen Weihnachtsglocke in das weihnachtlich geschmückte Wohnzimmer riefen. Der Raum war bis dahin verschlossen, weil das Christkind dort die Geschenke ausgelegt hatte. Als Kind klang das für mich geheimnisvoll. Daher war es etwas Besonderes, in diesen Raum zu gehen. Nicht die Geschenke waren wichtig, sondern das Geheimnis, das uns umgab. Auch heute habe ich dieses Gefühl: Ich bin ich nur dort daheim, wo ich beheimatet bin im Geheimnis, in etwas, was größer ist als ich selbst. Wenn sich dieses Gefühl von Heimat einstellt, dann tut es meiner Seele gut. Dann wird Heimat zu einer Tröstung auch meiner traurigen und schmerzlichen Gefühle. Dann verwandelt Heimat meine Stimmung.

Stille – im Raum des reinen Seins

Für manche ist die Stille bedrohlich. Sie haben Angst, still zu werden, weil dann ihre Schuldgefühle aufsteigen oder die Ahnung, dass ihr Leben nicht stimmt, dass sie an sich selbst vorbei leben. Für mich ist die Stille heilsam. Ich bin dankbar, dass ich in meiner Klosterzelle in die Stille eintauchen kann. Da stört mich nichts. Ich genieße die Stille. In der Stille habe ich kein Bedürfnis nach Kommunikation. Da bin ich ganz bei mir. Wenn ich dann nach dem Frühchor in meiner Gebetsecke vor der Christusikone meditiere, fühle ich die Stille als einen Raum der Liebe, in dem ich mich geborgen weiß.

Gerade wenn ich viele Gespräche zu führen habe, in der Verwaltung, in der geistlichen Begleitung, bei einem Kurs, tauche ich in die Stille ein wie in ein frisches Bad. In der Stille verstummen die inneren Gespräche. Da muss ich nichts leisten. Da darf ich einfach sein, wie ich bin. Ich muss niemandem antworten, mich auf keinen einlassen. Ich bin einfach, ohne Erwartung, ohne Druck, ohne Anforderung von außen. Die Stille ist für mich reines Sein.

In Würzburg habe ich viele Kurse für Führungskräfte gehalten. Beim Frühstück und Mittagessen war immer Schweigen angesagt. Für viele war es anfangs ungewohnt. Doch dann erlebten es die Teilnehmer zunehmend als angenehm. Sie spürten: Ich muss mich nicht beweisen. Ich muss nicht etwas Interessantes beitragen. Ich darf einfach nur da sein. Ich genieße schweigend die Mahlzeit, kaue langsamer, schmecke intensiver. Und ich nehme mich selbst und die anderen ganz anders wahr. Viele erlebten die Stille beim Essen als Wohltat. Sie tauchten schließlich gerne in die Stille ein, die die Gemeinschaft umgab.

Stille ist in der geistlichen Tradition etwas anderes als Schweigen. Schweigen ist mein eigenes Tun. Ich halte den Mund. Ich rede nicht. Ich versuche, auch meine Gedanken zum Schweigen zu bringen. Es ist eine Übung, die manchmal nicht so einfach ist. Denn wenn die Zunge stumm bleibt, ist es der Kopf noch lange nicht. Im Kopf redet es oft unaufhörlich. Es bedarf der Übung, etwa der Meditation, mit jedem Ausatmen die Gedanken abfließen zu lassen, bis der Kopf langsam leer wird, bis ich in den Grund meiner Seele gelange, in den der Lärm der Gedanken keinen Zutritt hat.

Stille ist etwas Vorgegebenes. Ich tauche ein in die Stille, die schon da ist, bevor ich war. Meine Klosterzelle *ist* still. Der Wald *ist* still. Die Natur *ist* still. Eine Kirche *atmet* oft Stille. Vor allem die romanischen Kirchen *sind* gebaute Stille. Aber manchmal gelingt es auch heutigen Architekten, Stille in ihren Bauten zum Ausdruck zu bringen. Ich genieße es, durch Wälder zu wandern, in denen ich keinen Autolärm, keine Geräusche von Sägen oder von anderen Maschinen höre, sondern nur natürliche Geräusche: das Rauschen des Windes, das Singen der Vögel, das Rascheln eines Wildes und das Zirpen der Grillen auf einer nahen Wiese. Ich habe dann den Eindruck, unberührter Natur zu begegnen. Die Stille hat etwas Jungfräuliches, Reines an sich. Sie ist nicht beschmutzt vom Lärm der Welt, sie ist klar und lauter. Die Stille reinigt auch mich. Sie klärt all das Trübe, das sich in mein Denken und Fühlen eingeschlichen hat. Und die Stille ist für mich wie Urlaub. Da brauche ich nichts zu leisten. Ich muss auch keine meditative Übung des Schweigens machen. Ich tauche ein in die Stille wie in einen nährenden Mutterschoß. Ich kann mich der Stille überlassen. Und so werde ich selbst still, komme in Berührung mit meinem wahren Wesen, das ich niemandem erklären muss, das einfach nur sein darf. So ist Stille für mich eine echte Tröstung. Sie ist wie ein schützender Raum, in dem ich mich vor dem Lärm der Welt zurückziehe, in dem ich mich geborgen fühle. Aus dieser Erfahrung heraus kann ich innerlich gereinigt wieder in die Welt treten.

In dieser äußeren Stille, in die ich eintauche, komme ich in Berührung mit dem stillen Raum, der auch in mir vorgegeben ist. Die Mystiker sprechen davon, dass in jedem von uns dieser Raum der Stille ist, ob wir wollen oder nicht. Aber oft sind wir abgeschnitten von diesem inneren Ort. Dieser innere Raum der Stille ist kein Raum der Leere. Vielmehr haben ihn

Stille – im Raum des reinen Seins

die Kirchenväter als einen Raum der Liebe, des Friedens und des Lichtes beschrieben. Evagrius beschreibt diesen Raum so: „Wenn ein Mensch den alten Menschen abgelegt und den neuen Menschen angezogen hat, der eine Schöpfung der Liebe ist, dann wird er zur Stunde des Gebetes erkennen, wie sein Zustand einem Saphir gleicht, der klar und hell wie der Himmel leuchtet. Mit dem Ausdruck ‚Ort Gottes' meint die Schrift genau diese Erfahrung. Unsere Vorfahren, die Ältesten, haben ihn am Berg Sinai gesehen." (Evagrius PG 40, 1240 A, zit. Bamberger 20) Evagrius bezieht sich hier auf die Schilderung des Buches Exodus. Mose stieg mit siebzig von den Ältesten auf den Berg Sinai. „Und sie sahen den Gott Israels. Die Fläche unter seinen Füßen war wie mit Saphir ausgelegt und glänzte hell wie der Himmel selbst." (Ex 24,10) Die griechische Übersetzung der Septuaginta gebraucht hier den Ausdruck „Ort Gottes". Dieser Begriff wurde in der geistlichen Tradition ein Bild für den inneren Raum der Stille, in dem Gottes Licht in uns aufleuchtet. Evagrius interpretiert diesen „Ort Gottes" als Zustand des Intellektes, der alle Leidenschaften überwunden hat und nun das eigene Licht sieht. Die Heilige Schrift nennt diesen Ort auch „Schau des Friedens, an dem einer in sich jenen Frieden schaut, der erhabener ist als jedes Verstehen und der unsere Herzen behütet." (Brief 39) Es ist also ein Raum der Stille, des Friedens, des Lichtes und der Liebe. Dieser Raum ist in uns. Unsere Aufgabe ist es nur, in diesen Raum mit unserem Bewusstsein einzutauchen.

Viele fragen mich immer wieder: Wie gelange ich in diesen Raum? Ich spüre in ihrer Frage die Sehnsucht nach einem solchen Ort. Wir können diesen Raum der Stille nicht immer spüren. Manchmal wird es uns in der Meditation geschenkt. Manchmal aber hilft allein die Vorstellung, dass unterhalb aller Gedanken und Gefühle, die in mir auftauchen, sobald ich in die Stille gehe, dieser Raum der Stille ist. Für mich ist es auch eine Hilfe, mich in die Stille zu setzen, etwa in eine stille Kirche oder auf einen Baumstamm in einem stillen Wald. Dann erahne ich, dass die Stille, die mich umgibt, auch in mir ist. Dann werde ich eins mit der Stille um mich herum. Und wenn ich eins bin mit der äußeren Stille, spüre ich auch in mir diesen stillen Raum, diesen „Ort Gottes", diese „Schau des Friedens". Ein anderer Weg ist der Weg des Atems. Ich stelle mir vor, dass ich im Ausatmen durch alle Schichten meiner Seele in den Grund gelange. Das Ausatmen geht durch den Ärger, durch die Unruhe, durch den inneren Lärm, durch die Selbstvorwürfe hindurch in den Grund der Seele. Und dort unterhalb aller Emotionen und Gedanken ist dieser Raum der Stille. Ich werde diese Stille immer nur für einen Augenblick ganz intensiv spüren. Dann werden die Gedanken wieder auftauchen. Aber dieser eine Augenblick der Stille verwandelt meine Selbstwahrnehmung. Ich spüre bei allem Lärm dieser

Stille – im Raum des reinen Seins

Welt und bei aller Verantwortung, die ich für andere habe, immer wieder diesen Freiraum der Stille, zu dem die Menschen keinen Zutritt haben. Das ist für mich wohltuend, eine Tröstung, die ich nicht vermissen möchte.

Gespräch – Ich fühle mich verstanden und wir verstehen uns

Eine Tröstung in schwerer Zeit ist für mich auch das Gespräch. Ich spreche mit einem Freund, der mich versteht. Er fragt nach und antwortet auf das, was ich ihm erzähle. Und auf einmal entsteht ein Gespräch. Ich fühle mich verstanden. Wir verstehen uns. Ein Wort ergibt das andere. Wir gehen immer tiefer im Gespräch, bringen Seiten unserer Seele zum Klingen, die sonst im Alltag kaum eine Chance haben, sich zu zeigen. Wir sprechen miteinander, ohne dass wir auf die Zeit schauen. Das Gespräch ergibt sich einfach. Und es beglückt uns. Wenn wir auseinander gehen, spüren wir: Das war schön. Es hat uns gut getan.

Seit ich die Verse von Friedrich Hölderlin über das Gespräch gelesen habe, habe ich viel nachgedacht über das Geheimnis des Gespräches und manches Gespräch intensiver erlebt. Hölderlin schreibt in dem Gedicht „Friedensfeier" die wunderbaren Verse:

„Viel hat erfahren der Mensch.
Der Himmlischen viele genannt,
Seit ein Gespräch wir sind
Und hören können voneinander."

Wir führen nicht nur ein Gespräch. Wir sind ein Gespräch. Die Vorsilbe „Ge" drückt die Gemeinschaft aus. Allerdings unterscheidet die deutsche Sprache sehr genau. Wir sprechen auch von einem „Gerede". Das ist eher negativ gemeint. Die deutsche Sprache kennt ja drei Ausdrücke für die Worte, die wir von uns geben.

„Sagen" kommt vom Zeigen. Wenn ich dir etwas sage, dann zeige ich dir etwas, damit du selbst hinschaust. Ich mache dich auf etwas aufmerksam, damit du es auch wirklich wahrnimmst.

„Reden" kommt von Rechenschaft ablegen. Ich stehe dir Rede und Antwort. Ich begründe mit meinem Reden etwas. Reden ist auch mit dem Wort „raten" verwandt. Ich lege mir etwas zurecht. Von einem großen Redner heißt es, dass er große Reden schwingt. Er holt mit seinen Händen aus, um weite Gebärden beim Reden zu machen. Das Wort „Gerede" meint offensichtlich, dass viele gleichzeitig ihre Gründe darlegen, ohne aufeinander zu hören. Oder aber es herrscht ein Gerede über einen Menschen. Derjenige, der das Gerede verbreitet, legt nicht selber Rechenschaft ab, er redet nicht persönlich, sondern er redet das, was viele reden.

Während Gerede etwas Negatives ist, meint „Gespräch" eine positive Erfahrung. Hier hat die Vorsilbe „Ge" den Sinn von Gemeinschaft. Es entsteht Gemeinschaft. Und Gespräch wurzelt im Wort „Sprechen". Sprechen kommt von „bersten". Es bricht aus mir etwas hervor. Ich offenbare mein Innerstes. Meine Stimme bringt meine Stimmung zum Ausdruck. Ich spreche nicht über etwas, sondern ich spreche mich aus, ich offenbare mich selbst. Meine Gefühle werden hörbar, meine innere Stimmung teilt sich den anderen mit. Das deutsche Wort „sprechen" entspricht dem griechischen „lalein". Es kommt vom Lallen des Kindes. Im Lallen macht sich das Herz des Kindes bemerkbar. Es sagt nicht bestimmte Worte, es drückt sich selbst aus. Seine Stimmung, sein Innerstes wird hörbar.

Ein Gespräch ist etwas anderes als ein Wortwechsel, es schafft die Gemeinschaft zwischen Sprechenden, nicht zwischen Redenden. Sie werden nicht nur ein Gespräch. Sie *sind* ein Gespräch. Hölderlin zeigt uns die Bedingungen für ein gutes Gespräch und er zeigt uns, wie ein Gespräch aussieht.

Die *erste* Bedingung ist, dass die Menschen, die miteinander sprechen, viel erfahren haben. Sie sprechen aus eigener Erfahrung. Sie wiederholen nicht, was andere gesagt haben, sondern sie drücken das aus, was ihr Herz im Innersten erfahren, erspürt, erahnt hat.

Die *zweite* Bedingung ist, dass das Gespräch offen ist für die Himmlischen. Hölderlin meint damit offensichtlich: offen sein für Gott, für das Transzendente. Ein gutes Gespräch öffnet immer auch den Himmel über uns. Wir berühren etwas, was uns übersteigt. Dann entsteht nicht nur Gemeinschaft zwischen den Sprechenden, sondern auch mit dem, den sie in allem Sprechen mitmeinen, mit Gott. Das sind die beiden Bedingungen für das Gelingen eines Gespräches.

Zwei Bilder beschreiben nun das Gespräch.

Das *erste* Bild: Wir führen nicht nur ein Gespräch, wir sind ein Gespräch. Beide sind nicht darauf fixiert, gut miteinander zu sprechen, angemessen zu argumentieren, gut zuzuhören, sondern beide sind ein Gespräch. Sie stehen unter keinem Leistungsdruck, ein gutes Gespräch zu führen. Sie sind beide authentisch. Sie sind bei sich und zugleich beim anderen. Sie sprechen das aus, was sich in ihrem Herzen formt, ohne irgendeinen Druck, mit den Worten Eindruck zu machen.

Das *zweite* Bild: sie hören nicht nur aufeinander. Sie sind nicht nur gute Zuhörer. Sie hören vielmehr voneinander. Voneinander hören das heißt für mich: ich nehme mir etwas vom anderen. Voneinander hören heißt, teilhaben an der Herkunft des anderen, an seiner Geschichte, an seiner Erfahrung, an seiner Stimmung, an seinem Herzen. Wenn ich von ihm höre, gelange ich an den Ausgangspunkt, von dem er ausgeht, an seinen Wurzelgrund, aus dem er lebt. Im Gespräch bekommen wir Anteil aneinander, an unserer Geschichte, an unserer Herkunft, an unseren Wurzeln. Und so entsteht im Gespräch etwas Neues. Durch Anteilnahme entsteht Gemeinschaft, Teilhabe, ein Miteinander-Teilen.

Ich kann mich an gute Gespräche erinnern, die für mich eine Tröstung waren. In einer Zeit, in der es mir nicht gut ging, sprach ich mit einem Freund über das Problem, dass ich bei Vorträgen, die ich zu halten hatte, oft anfing zu schwitzen. Alle Bemühungen, durch Meditation oder durch psychologische Beratung davon frei zu

146   *Meine zehn persönlichen Tröstungen*

werden, hatten nicht weiter geholfen. Da sagte er mir nur: „Warum willst du davon frei werden? Du hast einfach Gefühle. Die dürfen doch sein." Das war für mich befreiend. Seit diesem Gespräch habe ich mich nicht mehr unter Druck gesetzt, möglichst sicher am Rednerpult zu stehen. Ich habe meine Gefühle zugelassen. Und schlagartig war das Schwitzen kein Problem mehr. Das war ein Gespräch, das mir in einem Problem geholfen hat. Es war kein Beratungsgespräch, sondern ein Gespräch unter Freunden. Es hat sich so ergeben. Und es war doch viel wirkungsvoller als manches Beratungsgespräch.

Aber es gab viele andere Gespräche, die kein Problem lösen wollten. Wir haben einfach miteinander gesprochen. Wir kamen auf wichtige Themen. Wir hatten das Gefühl, dass wir uns verstehen. Da war kein Druck, sich dem Gegenüber verständlich zu machen. Es entstand ein Gespräch. Wir haben einander ergänzt, einander befruchtet. Ein Wort gab das andere, und wir kamen immer tiefer hinein in das Geheimnis des Menschseins, in das Geheimnis Gottes. Wir berührten gleichsam einen Zipfel des Himmels. So ein Gespräch hatte wohl Augustinus im Blick, wenn er von seinem Gespräch mit Monika berichtet. Sie sprachen miteinander über das ewige Leben. Auf einmal hatten sie das Gefühl, dass der Himmel sich über ihnen öffnete. Es entstand ein tiefes Schweigen, in dem sie das berührten, wovon sie gesprochen hatten. Sie hatten im Sprechen ihre Herzen füreinander geöffnet, aber auch

Gespräch – Ich fühle mich verstanden und wir verstehen uns

für das, wonach sie sich sehnten. So wurden sie im Sprechen eins mit dem, nach dem sie sich sehnten, mit Gott, dem Ziel ihres Lebens.

Nicht jedes Gespräch hat diese Tiefe, von der Augustinus berichtet. Doch immer dann, wenn ein Gespräch entsteht, „wenn wir ein Gespräch sind", lösen sich die Beschwernisse der Seele auf, dann wird es einem um das Herz leicht. Ein solches Gespräch ist Tröstung inmitten von Trostlosigkeit, es schenkt Hoffnung in der Verzweiflung. Es schafft Gemeinschaft dort, wo ich mich völlig einsam und isoliert fühlte. Für uns Heutige ist es nicht einfach, an die Erfahrung des Gesprächs heran zu kommen, von der Augustinus erzählt und die Hölderlin meint. Wir greifen gleich zum Telefonhörer, um unsere Sorgen loszuwerden. Doch Ferngespräche haben selten die Qualität, von der Hölderlin in seinen Versen spricht. Das Gespräch braucht offensichtlich auch den rechten Zeitpunkt. Und es braucht Muße. Wenn ich alles sofort loswerden möchte, was mich belastet, dann kann das eine kurze Entlastung sein. Aber es entsteht kein Gespräch. Wir haben nicht die Zeit, das aus uns heraus brechen zu lassen, was tief in unserem Herzen ist. Wir bleiben an der Oberfläche. Ein Gespräch, das zur Tröstung wird, braucht Zeit, einen geschützten Rahmen und die Offenheit der Herzen, also die Bereitschaft, nicht nur einander zuzuhören, sondern voneinander zu hören, damit wir aneinander Anteil bekommen.

Wein – mystische Freude an köstlicher Zeit

Der politische Theologe Johann Baptist Metz hat einmal die Formulierung geprägt, die Franken hätten ein irdisches Vergnügen an Gott und eine mystische Freude am Wein. Im Blick auf die Oberfranken (und auch Oberbayern) hat er das Wort etwas abgewandelt. Auch sie würden sich auszeichnen: durch eine irdische Freude an Gott und eine mystische Freude am Bier. Er meinte damit, dass die Bayern und Franken Gott immer handfest erleben, etwa in der Schönheit der Schöpfung, vor allem aber in der irdischen Weise ihrer Gottesdienste, ihrer Prozessionen und religiösen Bräuche. Ihre Freude an Gott drückt sich aus im Schmücken der Straßen an Fronleichnam, aber auch im anschließenden Frühschoppen, der den Gottesdienst auf andere Weise fortsetzt. Für viele gehört das zusammen. Sie freuen sich an Gott, indem sie sich die Zeit nehmen, in den Gottesdienst zu gehen, bei der Blasmusik mitzuspielen, die die Fronleichnamsprozession begleitet. Die Freude drückt sich immer in etwas Irdischem, Handfestem aus.

Wie die irdische Freude an Gott und die mystische Freude am Bier konkret aussieht, hat mein Mitbruder P. Daniel, der aus Norddeutschland in unsere fränkische Abtei kam und ein paar Jahre in Bamberg Internatsleiter war, oft genüsslich erzählt. Als Norddeutscher genoss er die Ursprünglichkeit und Direktheit der Oberfranken. Bei der festlichen Fronleichnamsprozession in Bamberg haben sechzehn Männer eine schwere Figur durch die Stadt getragen. Dabei waren sie selbst von dem Tuch verhüllt, das von der Figur herunterfiel. Bei einer Station kamen sie genau vor das „Schlenkerla" zu stehen, einer traditionellen Wirtschaft in Bamberg, die das originelle Rauchbier ausschenkt. Da brachte der Wirt den Trägern einen Kasten Bier. Unter dem Tuch verborgen trank jeder sein Bier genüsslich aus. Als sie sich dann wieder erhoben, um die Figur schwitzend weiter durch die Stadt zu tragen, standen sechzehn leere Bierflaschen am Straßenrand. Die Männer sahen es als Ehre an, diese schwere Figur durch die Stadt zu tragen. Das gehörte jedes Jahr zu ihrem Ritual. Es war anstrengend. Sie schwitzten dabei. Aber genauso wie dieses heilige Tun gehörte das Trinken des kühlen Biers während der Prozession zu ihrem Ritual. Vielleicht hatte Johann Baptist Metz ähnliche Erfahrungen im Blick, als er diese originelle Formulierung von der irdischen Freude an Gott und der mystischen Freude am Wein oder Bier schuf. Die Männer konnten wohl nicht allzuviel mit Stille und theologischen Gedanken anfangen. Ihre Beziehung zu Gott drückten sie handfest aus, indem sie schwitzend die schwere Figur durch die Stadt trugen. Und ihre Freude an Gott wurde für sie sinnlich erfahrbar, als sie unter der Figur heimlich ihr Bier genossen. Das war eine Wohltat, die sie von Gott dankbar annahmen und mit

150   *Meine zehn persönlichen Tröstungen*

mystischer Freude genossen. Es war für sie kein Gegensatz zu der heiligen Figur, die sie trugen. Im Gegenteil, sie hatten das Gefühl, dass der Heilige ihren Durst segnet und dass das Bier unter seiner Figur besonders gut schmeckt.

Wenn ich im Urlaub bin, dann trinke ich gerne zum Abendessen mit meinen Geschwistern ein Glas Wein. Der Rotwein schmeckt besonders gut, wenn meine Geschwister gerade italienisch gekocht haben. Dann entführen das italienische Essen und der Rotwein uns in die Leichtigkeit und in die Freude am Leben, der ich in Italien oft begegnet bin. Ich kann mich auch an Abende in der Toskana erinnern, an denen wir zum dortigen Hartkäse und dem kernigen Brot ein Glas Rotwein getrunken haben. Wir aßen und tranken ganz langsam. Aber in aller Ruhe den warmen Abend bei einem Glas Rotwein und einem Stück Käse zu genießen, das vertreibt alle sorgenvollen Gedanken. In diesem Augenblick ist das Leben einfach nur schön. Natürlich hängt es dann auch von den Gesprächen ab. Man kann in dieser Atmosphäre nicht über Politik reden oder über hitzige Themen. Sonst verliert der Wein seine zärtliche Ausstrahlung.

Ein Bekannter erzählte von einer alten Winzerin im Markgräfler Land, die er zwischen den Reben bei der Arbeit traf. Sie kamen miteinander ins Gespräch. Die alte Winzerin meinte, sie trinke eigentlich kaum Wein. Doch nach einem harten Arbeitstag gehörten ein kleines

Wein – mystische Freude an köstlicher Zeit

Gläschen roter Burgunder und ein Stück Hartkäse und Brot zu ihren Freuden. Diese alte Frau hat ihre eigene Lebensphilosophie entwickelt. Sie gönnte sich die Freude des Rotweins nach einem harten Arbeitstag. Sie konnte den Wein genießen, weil sie ihn nicht täglich brauchte. Sie wusste, wann sie die Tröstung durch den Wein brauchte. Oft genug war ihre Seele getröstet genug.

Schon der Psalmist sieht den Wein als Tröstung des Menschen an. Er spricht vom „Wein, der das Herz des Menschen erfreut". (Po 104,15) Und Jesus Sirach, der Weisheitslehrer, der griechische und jüdische Weisheit miteinander verbindet, sagt vom Wein: „Wie ein Lebenswasser ist der Wein für den Menschen, wenn er ihn mäßig trinkt. Was ist das für ein Leben, wenn man keinen Wein hat, der doch von Anfang an zur Freude geschaffen wurde?" (Sir 31,27) Die Bibel weiß um die Tröstung durch den Wein. Sie kennt natürlich auch die Gefahren des Weins, wenn man zu viel trinkt und kein Maß mehr hat. Thomas von Aquin hat an diese Weisheit der Bibel angeknüpft, wenn er darüber nachdenkt, dass die Weigerung, Wein zu trinken, sogar zur Schuld führen kann: „Wenn einer sich wissentlich des Weines so sehr enthielte, dass er die Natur arg beschwerte, so wäre er nicht frei von Schuld." Das entspricht der optimistischen Theologie, die wir schon in der Quaestio 38 kennen gelernt haben.

Den Wein darf man nicht einfach in sich hinein trinken oder gar in sich hinein schütten. Das widerspricht dem Wesen des Weins. Wein muss man langsam trinken. Im Wein trinkt man die Zeit mit: die Zeit, die die Sonne investiert hat, die Zeit der Reife, aber auch die Zeit der menschlichen Arbeit, die Zeit der Ernte, der Lagerung, der Kultivierung. Im Wein spürt man den Erdgeruch einer Landschaft. Da hat man teil an der Natur. Wer den Wein nur in sich hinein kippt, wird nichts davon wahrnehmen. Daher braucht es eine Kultur des Weintrinkens. Sonst wird der Wein nicht zur Tröstung. Wer süchtig Wein trinkt, den verdirbt er. Wer die Kultur des Weintrinkens pflegt, der genießt nicht nur den Wein, für den wird auch die Zeit kostbar. Er kostet die Zeit. Die Zeit wird eine köstliche Zeit. Aber wer das Leben nicht genießt, dem schadet auch der Weingenuss. Denn er nimmt den Wein als Ersatz für den mangelnden Lebensgenuss. Der Wein erhöht und vertieft den Lebensgenuss. Er kann auch eine Einübung in den Genuss des Lebens sein. Aber er darf nie zum Ersatz für ungelebtes Leben und für die Unfähigkeit zu genießen werden. Er ist Tröstung für den, der sich dem Leben stellt und der mitten in den Mühen des Lebens sich die Zeit gönnt, den Wein mit Freunden und mit Freude zu genießen.

Wein – mystische Freude an köstlicher Zeit

Schluss

*T*homas von Aquin war ein menschenfreundlicher Theologe. Leider haben die Theologen der Neuscholastik sein Denken in ein starres System gezwängt und die Menschlichkeit seiner Theologie vergessen. In den sieben Tröstungen zeigt uns Thomas konkret, wie die Gnade auf der Natur aufbaut, wie irdische Freuden und mystische Freuden zusammen gehören, wie Gott uns irdische Dinge schenkt, um unsere Traurigkeit, unsere Schmerzen und unser Leid zu verwandeln, um uns zu trösten mitten in der Trostlosigkeit unseres Lebens. Wir täten gut daran, diese menschenfreundliche Theologie in unsere heutige Zeit zu übersetzen.

Es müssen also nicht immer rein spirituelle Dinge sein, die uns trösten. Thomas verweist uns auf so irdische Dinge wie das Bad und den Schlaf, die Lust und das Weinen und das Mitleid der Freunde. Es kommt nur auf die Sichtweise an, mit der wir das Irdische wahrnehmen. In allem Irdischen spricht Gott zu uns. In der Natur begegnen wir ihm, im Schlaf erfahren wir seine Wohltat, in der Lust spüren wir Gottes Großmut, die uns das Leben gönnt. Die Spiritualität, die uns Thomas vermitteln möchte, bezieht alle Bereiche unseres Daseins in unsere Beziehung zu Gott mit ein. Er ist ein fürsorglicher Gott, der uns nicht nur mit hehren Ideen tröstet, sondern ganz irdisch, sinnlich, weltlich.

Entscheidend ist bei Thomas die Beziehung zwischen Leib und Seele. Was dem Leib gut tut, tut auch der Seele gut. Wenn der Leib in seine ursprüngliche und ihm gemäße Bewegung kommt, dann kommt die Seele in Ordnung, dann empfindet sie Lust. Und die Lust des Leibes wird zur Lust der Seele. Das wird deutlich in dem letzten Satz, mit dem Thomas seine Quaestio 38 beschließt: „Jedes Wohlbefinden des Leibes teilt sich irgendwie dem Herzen mit als dem Quellgrund und Ziel aller körperlichen Bewegungen (Aristoteles)." Es geht in unserem Leben also darum, dem Leib und der Seele gerecht zu werden, für den Leib und für die Seele zu sorgen. Dazu sind nicht komplizierte Techniken notwendig, wie sie heute oft in Ratgeber-Büchern empfohlen werden. Vielmehr geht es um ein ganz einfaches Gespür – für den eigenen Leib und für die eigene Seele. Das Achten auf meinen Leib wird zum Achten auf meine Seele. Und indem ich meinen Leib und meine Seele ernst nehme, verehre ich Gott, achte und liebe ich ihn, der mich so geschaffen hat.

Benedikt fordert uns Mönche auf, täglich Gott zu loben und zwar sieben Mal am Tag. Das entspricht den sieben Tröstungen, deren Lob im Zentrum dieses

Buch stand. Benedikt schreibt in seiner Regel: „Zu diesen Zeiten lasst uns also unserem Schöpfer den Lobpreis darbringen wegen seiner gerechten Entscheide." (RB 16,5) Wir loben Gott als unseren Schöpfer, der uns die Natur geschenkt hat als Ort der Geborgenheit und Schönheit, als Ort heilender Kräfte, und der uns unseren Leib geschenkt hat, um unsere Seele zu schmücken. Hildegard von Bingen meint, Gott habe uns den Leib dazu gegeben, damit unsere Seele gerne darin wohne. Und wir sollen Gott loben wegen seiner gerechten Entscheide. Das, was er getan hat, ist richtig, ist gut, ist gerecht. Es wird unserem Wesen gerecht. Die Tröstungen sind Ausdruck seiner gerechten Entscheide. Sie wollen unserem Wesen gerecht werden. So loben wir im siebenmaligen Chorgebet nicht nur Gott als unseren Schöpfer, sondern wir preisen auch das, was er geschaffen hat, seine Schöpfung und die sieben Tröstungen, die er uns geschenkt hat, damit wir gerne und gut in seiner Schöpfung leben, voller Freude und Dankbarkeit.

Henri Nouwen, der holländische Theologe und Psychologe, der sich wegen seiner depressiven Verstimmungen sieben Monate ins Trappistenkloster zurückgezogen hat, schreibt im Nachwort zu seinem Klosterbericht „Ich hörte auf die Stille": „Klöster baut man nicht, um Probleme zu lösen, sondern um Gott mitten aus den Problemen heraus zu loben." Es kann nicht darum gehen, dass ich die Probleme überspringe. Viel-

Schluss

mehr nehme ich meine Probleme wahr, aber mitten aus den Problemen heraus schaue ich auf Gott, und wenn ich ihn dann loben kann, dann relativiert das meine Probleme. So will auch das Lob der Tröstungen unsere Traurigkeiten, unsere Bitterkeit, unsere Kränkungen und Verletzungen nicht überspringen, sondern sie relativieren, damit wir mitten in der Traurigkeit aufschauen zu dem, der uns tröstet, und Ausschau halten nach dem, was uns tröstet. Das Lob öffnet uns die Augen, damit wir genügend Tröstungen in unserem Leben entdecken, nicht nur die sieben Tröstungen, die uns Thomas empfiehlt, und nicht nur die zehn Tröstungen, die ich hinzugefügt habe. Schauen Sie in der Haltung des Lobs und der Dankbarkeit in Ihr Leben. Dann werden sie genügend Tröstungen für sich entdecken. Gott lässt uns nicht allein. Die Tröstung ist schon in uns und bei uns. Wir sollen sie nur erkennen und ergreifen. Dann wird sich unsere Trauer in Freude verwandeln und unser Schmerz in Lust am Leben.

Literatur

Klaas Huizing, Ästhetische Theologie. Band I: Der erlesene Mensch. Eine literarische Anthropologie, Stuttgart 2000.

Henri Nouwen, Ich hörte auf die Stille, Freiburg 1978.

Henri Nouwen, Von der geistlichen Kraft der Erinnerung, Freiburg 1984.

Patrick Süskind, Amnesie in litteris, in: Wenn Kopf und Buch zusammenstoßen. Ein Lesebuch übers Lesen, hrg. v. Thomas Tebbe, München 1998, 16–23.

Thomas von Aquin, Summa Theologica, Deutsch-lateinische Ausgabe, Band 10: Die menschlichen Leidenschaften, Heidelberg 1955.

Evagrius Ponticus, Praktikos. Über das Gebet, übers. v. J. E. Bamberger u. G. Joos, Münsterschwarzach 1986.

Otto Hermann Pesch, Thomas von Aquin, LexSpir 1279–1281.

Dorothee Sölle, Fliegen lernen. Gedichte, Berlin 1979.